Job?

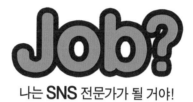

나는 SNS 전문가가 될 거야!

Job?

나는 SNS 전문가가 될 거야!

Team. 신화 글 · 그림 | 서용구 감수

Special
11

국일아이

차례

직업 탐험
워크북 나는 SNS 전문가가 될 거야!

등장인물

민호

활달하고 늘 자신만만한 성격의 12살 남자아이다. 게임기를 사고 싶어 중고물건을 팔아서 돈을 모으기로 결심한다. 즉흥적이지만 사태를 수습하는 순발력이 뛰어나다. 일을 진행할 때 분석력과 추진력이 있다. 추억지킴이 동호회를 만들면서 SNS 전문가가 하는 일을 배우게 된다.

소희

민호와 유치원 때부터 친구이자 같은 반 친구인 여자아이다. 최신 태블릿 컴퓨터를 사고 싶어서 민호와 동업하기로 한다. 성격이 털털하고 민호와 달리 꼼꼼하게 일한다. 민호와 호흡이 잘 맞고 좋은 아이디어를 많이 갖고 있다.

돈보이

민호, 소희의 옆 반 친구다. 거만하고 까칠한 성격
이지만 중고물건을 사고파는 기질은 민호와 소희보
다 앞서 있다. 하지만 얄팍한 속임수를 쓰고 물질만
능주의라서 고객을 감동시키는 부분이 부족하다.

민호 삼촌

민호의 삼촌이자 소셜큐레이션서비스 기획자다.
호들갑스럽고 상황을 오버하는 것이 민호와 판박
이다. 하지만 회사 내에서는 매우 정중하고 꼼꼼하
게 일을 처리한다. 민호와 소희의 추억지킴이 동호
회가 성장할 수 있도록 도와준다.

지나

삼촌 회사의 동료이자 여자친구로 SNS 콘텐츠 큐레이터다. 삼촌
이 하는 일을 곁에서 돕고 계획된 시간을 엄수하는 원칙주의자다.
사내에서 민호 삼촌과 사귀는 것을 비밀로 하기 위해 민호와 소희
를 적극적으로 돕지만 둘이 사귀는 것을 이미 모두가 알고 있다.

꿈을 찾아가는
꿈나무를 위한 길잡이

허영만 화백이 그린 만화 《식객》이 한국 음식 문화의 품격과 철학의 깊이를 더한 '음식 문화서'라고 한다면, 《job?》 시리즈는 '바라고 꿈꾸는 것을 이루기 위해 줄기차게 노력하면 반드시 꿈은 이루어진다'는 교육 철학을 담은 직업 관련 학습 만화입니다. 어린이와 청소년들이 만화를 통해 각 분야의 직업을 이해하고, 스스로 장래 희망을 설정하는 데 도움을 주는 진로 교육서이기도 합니다.

꿈과 희망은 사람을 움직이는 가장 강력한 에너지입니다. 꿈과 희망이 있는 사람은 밝고 활기찹니다. 그리고 호기심과 열정이 가득해서 지루할 틈이 없이 부지런합니다. 특히 어린이와 청소년들에게 꿈과 희망은 삶을 긍정적으로 바라보게 하는 가장 강력한 버팀목 역할을 합니다.

어른이 되어 이루는 성공과 성취는 어린 시절부터 바랐던 꿈과 희망이 이뤄 낸 결과입니다. 링컨과 케네디, 빌 게이츠와 오바마, 이들은 어린 시절에 꾸었던 꿈과 희망을 실현하기 위해 노력한 사람들입니다. 삼성을 일류 기업으로 이끈 고(故) 이병철 회장이나 우리나라 경제 발전에 초석을 다진 현대그룹의 고(故) 정주영 회장도 어린 시절의 꿈을 실현한 대표적인 사람입니다. 꿈과 희망 안에는 미래를 변하게 하는 놀라운 능력이 숨어 있습니다. 꿈과 희망을 품고 노력하면 바라던 것이 이루어집니다.

어린이와 청소년들이 스스로 미래를 준비할 수 있도록 도움을 주고자 기획한 《job?》 시리즈는 우리 사회 각 분야의 직업을 다루고 있습니다. 어떤 분야의 직업을 갖고 사는 것이 좋으며 가치 있을지를 만화 형식을 빌려서 설명하여 이해뿐 아니라 재미까지 더하였습니다.

그동안 직업을 소개하는 책은 많았지만, 어린이 눈높이에 맞춘 직업 관련 안내서는 드물었습니다. 이 책의 차별성은 바로 여기에 있습니다. 단순히 각각의 직업이 무슨 일을 하는지를 소개하는 데 그치지 않고 사회적 측면에서 바라본 직업의 존재 이유와 작용 원리를 적절한 용어를 사용하여 어린 독자들의 이해를 돕습니다. 자칫 딱딱할 수 있는 직업 이야기를 맛깔스러운 대화와 재미있는 전개로 설명하여 효과적인 진로 안내서 역할도 합니다.

이 책이 어린이와 청소년들에게 세상의 여러 직업을 깊이 이해하고 자신의 미래를 여는 데 도움을 줄 것이라 기대합니다. 아울러 장차 세계를 이끌 주인공이 될 어린이와 청소년들이 직업과 관련해서 멋진 꿈과 희망을 얻길 바랍니다.

문용린(서울대학교 교육학과 명예교수)

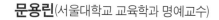

SNS 세상 속으로

예전에는 소식을 전할 때 편지나 유선 전화기를 사용했어요. 약속 시간과 장소를 착각하면 엉뚱한 곳에서 마냥 기다리기도 했답니다. 하지만 SNS가 발달한 요즘에는 어떤가요?

언제 어디서든 전화를 하고 문자와 톡을 주고받고, 중요한 정보를 실시간으로 전하기도 하지요. 심지어 회사에 출근하지 않고 집에서 회사 일을 처리하는 사람도 많아졌어요. 요즘 사람들에게 SNS가 없는 세상은 상상조차 되지 않을 거예요.

SNS는 단순히 의사소통을 하는 것이 아니에요. 이용하기에 따라서 SNS는 무궁무진하게 다양한 분야에서 활용할 수 있답니다.

비싼 광고비를 내지 않고 자신을 PR하거나 제품을 홍보할 수 있고, 학교나 학원에 가지 않고도 수업을 받을 수 있어요. 가 본 적도 없고 만나본 적도 없는 세계 여러 나라 사람들과 친구가 될 수도 있지요. 어떤 의문점이나 고민거리가 생겼을 때 실시간으로 상담하여 도움을 받을 수도 있어요. 태어나자마자 헤어졌던 쌍둥이가 SNS를 통해 몇

십 년만에 만나는 기적 같은 일도 일어난답니다.

물론 SNS 중독으로 부작용이 생기기도 해요. 그러나 SNS의 장점을 살려 다양한 방면으로 활용하면 우리의 꿈을 이룰 수 있을 거예요. 대표적으로 페이스북의 창시자인 마크 저커버그가 있어요. 마크 저커버그는 기존의 SNS와는 차별된 기능의 페이스북을 개발해 20대의 나이에 억만장자가 되었답니다.

SNS가 무엇인지, SNS로 어떤 것을 할 수 있는지, SNS 전문가는 어떤 일을 하는지 궁금하다면 지금부터 민호, 소희, 돈보이와 함께 SNS 속으로 들어가 볼까요?

글쓴이 **Team. 신화**

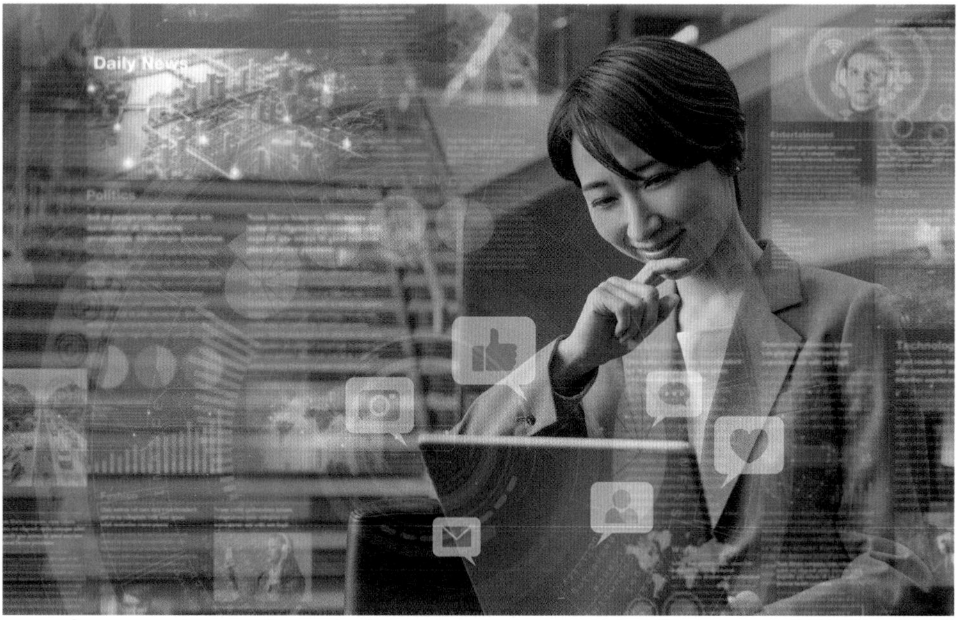

Daily News

SNS로 장사를 해볼까?

난 올해 안에 게임기
〈플레이박스 제로〉
꼭 살 거야!

부모님이 사주신데?

우리 엄마가 얼마나
알뜰하신데. 그런 걸
사주실 리가 없지.

?

그럼 어떻게 사려고?
그 게임기
꽤 비싸잖아.

내가
돈 모아서 사야지!

용돈 많이
모았어?

아니. 저번에 저금통 깨서 엄마 생일 선물 사드려서 지금은 완전 빈털털이야.

휘청

그럼 지금부터 돈을 모으겠다고? 한 달에 3만 원씩 저금해도 1년은 넘게 걸릴텐데?

후훗. 나한테 다 생각이 있어.

내가 가진 중고물건을 팔아서 돈을 마련할 거야.

뭐?

에이. 남이 쓰던 물건을 누가 산다고.

왜? 나한테 필요 없어도 누군가에게는 필요할 수 있잖아.

분명 내 물건 중에 너도 갖고 싶은 게 있을 걸?

…

민호야!
할 말이 있어!

소희야!

너 진짜로 친구들한테 중고물건을 팔아서 돈을 벌 생각이야?

너도 안 될 거라고 생각해?

아니, 난 찬성이야! 네 사업에 나도 끼워줘!

뭐?

나도 최신 태블릿 컴퓨터 사고 싶어. 지금 있는 건 구형인데, 아직 쓸 만하다고 엄마가 바꿔줄 생각을 안 하서.

부모님들 생각은 다 똑같구나.

우리 동업하자! 물건이 많을수록 사람도 많이 모이고 잘 팔리지 않을까?

좋은 생각인데.

흥해도 망해도 우리 언제나 함께야!

망할 것까지 미리 생각하지는 말자고.

다음 날

이거 우리가 아끼는 물건인데 용돈이 필요해서 파는 거야. 엄청 좋은 거야.

캐릭터 카드 묶음 얼마야?

내가 살 때 3만 원이었는데…

만 원!

뭐?

이미 유행 지난 카드잖아. 천 원이라면 모를까, 만 원은 너무 비싸.

뭐? 이게 얼마나 귀한 건데…

우리 나가서 축구나 하자.

그래.

어?

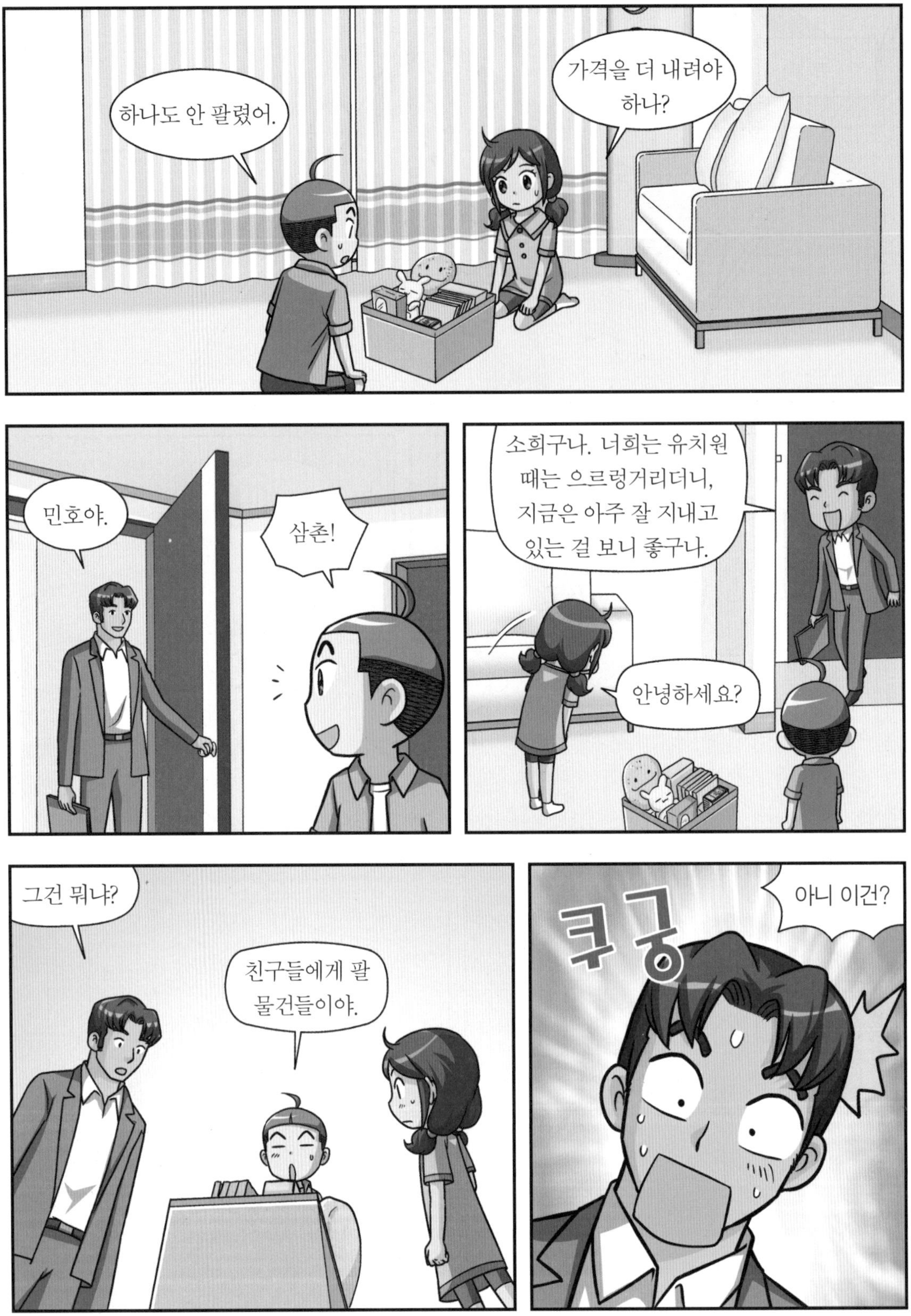
하나도 안 팔렸어.
가격을 더 내려야 하나?
민호야.
삼촌!
소희구나. 너희는 유치원 때는 으르렁거리더니, 지금은 아주 잘 지내고 있는 걸 보니 좋구나.
안녕하세요?
그건 뭐냐?
친구들에게 팔 물건들이야.
쿠궁
아니 이건?

이건 3년 전에 나왔던 한정판 카드 세트잖아!

삼촌이 그걸 어떻게 알아?

이것만 전문적으로 모으는 사람들이 있거든. 매니아들 사이에서는 가치가 높아.

와! 우리 반 친구들은 아무도 거들떠 보지도 않던 건데!

너희같은 아이들은 이해 못하겠지. 하지만 어른들에게는 추억의 물건이기도 하거든.

이 카드 게임만 해도 역사가 무려 이십 년이야. 그래서 그때부터 카드를 모으던 사람이 많아.

헉! 이 동화책 시리즈도 지금은 절판인데. 이거 어디서 났냐?

엄마가 어려서 읽던 추억의 책이라면서 저한테 물려준 거예요.

뒤적

뒤적

이런 건 아는 사람들만 그 가치를 알지. SNS에 올리면 이거 사겠다고 여기저기서 연락이 올 걸?

삼촌, SNS가 뭐야?

소셜 네트워크 서비스(Social Network Service)의 약자야. 쉽게 말하자면 인터넷이나 스마트폰으로 사람들이 인맥을 맺게 해주는 거야.

← SNS란

SNS란 소셜 네트워크 서비스(Social Network Service)를 줄여서 일컫는 용어입니다.
SNS는 특정한 관심사나 활동을 공유하는 사람들 간의 관계망을 구축하는 온라인 서비스입니다. SNS 이용자는 의견이나 정보를 게시할 수 있고, 연계를 맺고 있는 다른 이용자와 의견을 바로 나눌 수도 있습니다.
대표적인 SNS로는 카카오톡, 트위터, 페이스북 등이 있습니다.

스마트폰으로 친구끼리 문자를 주고받는 서비스가 대표적인 SNS야.

그럼 우리도 계속 SNS를 사용하고 있었던 거네?

나도 엄청 많이 사용하는데.

삼촌. 그런데 SNS로 어떻게 물건을 판다는 거야?

삼촌이 직접 보여줄까?

이렇게 상품의 사진을 찍은 다음…

SNS 서비스에서 중고거래 하는 곳으로 들어가서 내용을 올리면…

추억의 물건 팝니다. 잘 보관해둔 제품이라 상태는 좋습니다.

틱틱

잠시 후

벌써 연락이 왔네.

게임 카드하고 동화책, 인형 세트를 십만 원에 사겠다는 연락이 왔는데. 거래 할래?

십… 십만 원?

삼촌!
지금 당장
거래하자!

내 생각엔 조금 더 높은
가격에 사겠다고 하는
사람이 있을 것 같은데.

상대방 마음이 바뀔 수도
있잖아! 나중에 사겠다는
사람이 없을 수도 있고.

알았다. 결정은
네가 하는 거니까.

다음 날

자! 이건 동업자인
네 몫!

안 쓰는 물건을
판 돈이
이렇게 내 손에
들어오다니!

꿈이 이루어질 날이
가까워지고 있어!

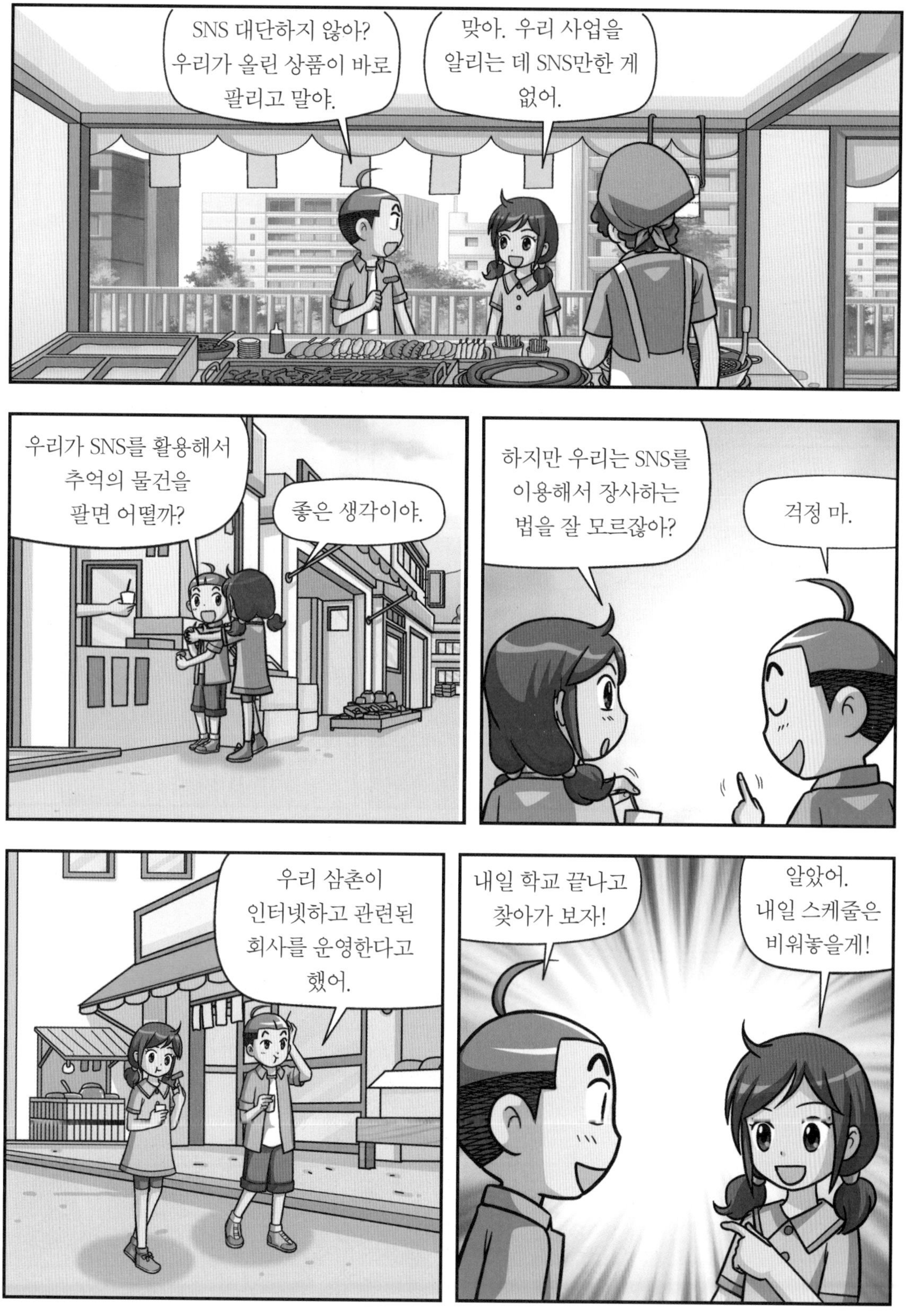
SNS 대단하지 않아? 우리가 올린 상품이 바로 팔리고 말야.
맞아. 우리 사업을 알리는 데 SNS만한 게 없어.
우리가 SNS를 활용해서 추억의 물건을 팔면 어떨까?
좋은 생각이야.
하지만 우리는 SNS를 이용해서 장사하는 법을 잘 모르잖아?
걱정 마.
우리 삼촌이 인터넷하고 관련된 회사를 운영한다고 했어.
내일 학교 끝나고 찾아가 보자!
알았어. 내일 스케줄은 비워놓을게!

조카라고? 그래도 약속하지 않고 오면 안 되는데. 많이 기다려야 할 수도 있어.

너희 삼촌, 아니 사장님은 지금 고객과 상담 중이시거든.

설마 삼촌이 사장일 줄이야.

고객과 상담 중? 사장님이라면서 고객을 직접 만나요?

우정씨, 아니 사장님은 소셜큐레이션 서비스 기획자야. 그래서 특정 정보를 바라고 찾아오는 고객이 많아.

소셜큐레이션서비스 기획자가 뭔데요?

소셜큐레이션은 인터넷의 수많은 정보 중 필요한 정보만 골라내서 수집하고 공유하는 서비스야.

알겠다. 소셜큐레이션서비스 기획자는 고객이 원하는 정보만 골라서 알려주는 사람이란 거죠?

소셜큐레이션서비스 기획자는 사용자가 찾고자 하는 정보를 인터넷에서 검색하기 쉽게 해서 원하는 분야에 활용할 수 있도록 설계해주는 직업입니다. 개발자가 검색 엔진을 만들 때 최상의 결과가 나오도록 조사한 자료를 바탕으로 의견을 말하고, 검색엔진의 화면구성이나 편의성 등 사용자가 이용하기 쉽게 조정하기도 합니다. 즉 SNS 콘텐츠 큐레이터와 하는 일은 비슷하지만, 개발자 쪽에 더 깊이 관여하는 직업입니다.
소셜큐레이션서비스 기획자는 어느 정도 프로그래밍 경험이 있고, SNS를 잘 활용할 줄 알아야 합니다.

사장님은 초등학교 때부터 간단한 게임을 만들 정도로 코딩을 잘했어.

우와!

처음에 창업 지도 관련 회사에서 상담 업무를 맡았는데, 사람들이 오래되거나 잘못된 정보 때문에 창업에 어려움을 겪는 걸 알게 됐지.

그래서 회사를 그만둔 다음 사용자가 필요로 하는 정보만 콕 집어서 알려주는 회사를 만든 거야.

우리 회사는 사장님이 직접 프로그래밍한 검색엔진과 최신 정보를 이용해 의뢰인에게 가장 알맞은 서비스를 제공하려고 노력한단다.

특히 SNS에서 생산되는 정보의 양이 엄청나기 때문에 최근에는 소셜큐레이션 서비스 기획자의 역할이 나날이 중요해지고 있지.

으으...

어머나!

지쳐서 뻗을 정도로 내 설명이 지루했니?

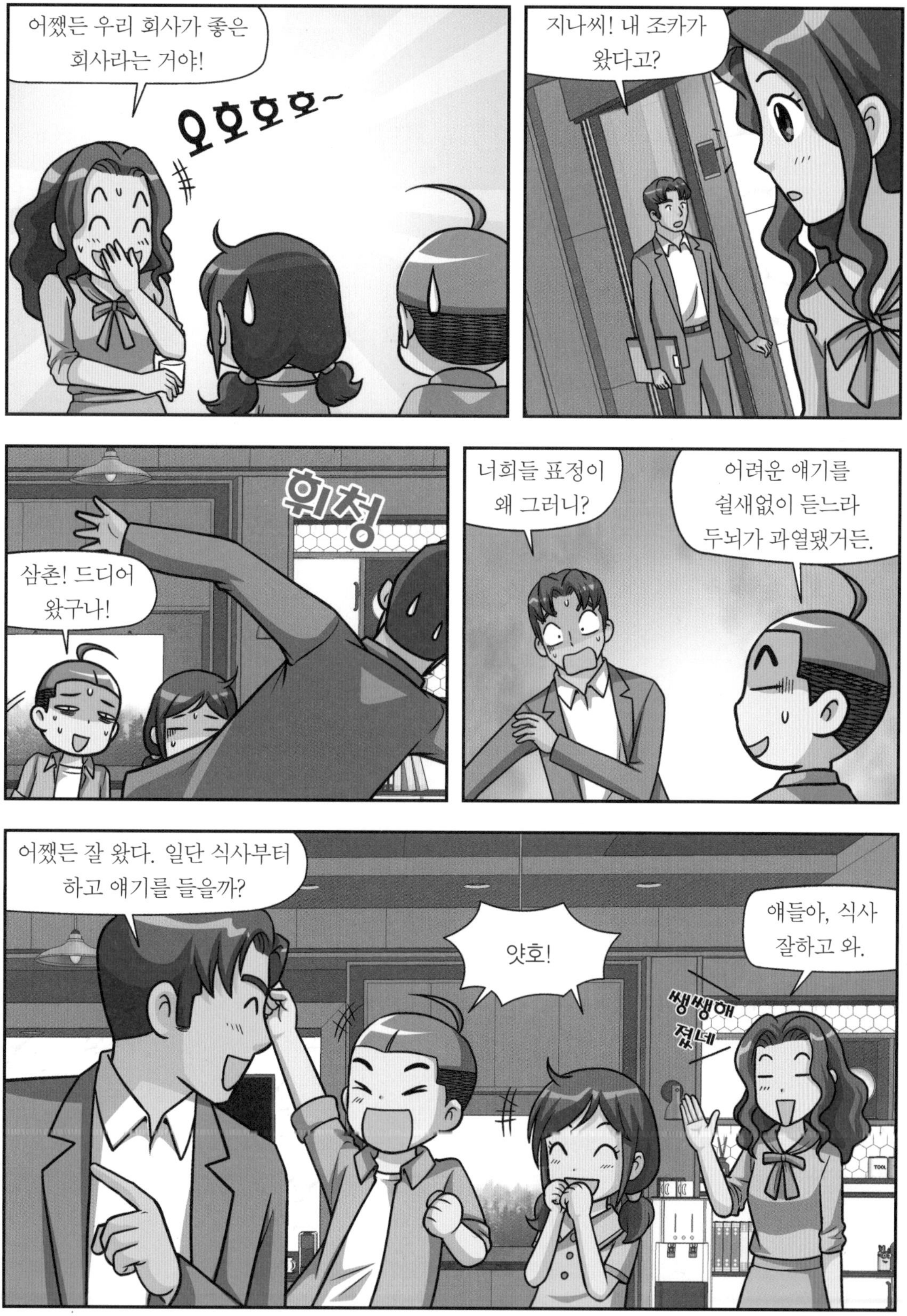
어쨌든 우리 회사가 좋은 회사라는 거야!
오호호호~
지나씨! 내 조카가 왔다고?
휘청
삼촌! 드디어 왔구나!
너희들 표정이 왜 그러니?
어려운 얘기를 쉴새없이 듣느라 두뇌가 과열됐거든.
어쨌든 잘 왔다. 일단 식사부터 하고 얘기를 들을까?
얏호!
얘들아, 식사 잘하고 와.
쌩쌩해졌네

SNS의 정의와 종류

특정한 관심이나 활동을 공유하는 사람들 사이의 관계망을 구축해 주는 온라인 서비스인 SNS는 최근 페이스북(Facebook)과 트위터(Twitter) 등의 폭발적인 성장에 따라 사회적·학문적인 관심의 대상으로 부상했어요. 그렇다면 SNS란 무엇이고 어떤 종류로 분류되는지 알아볼까요?

SNS는 소셜네트워크서비스(Social Network Service)의 줄임말로, 웹상에서 관심사나 활동을 공유하여 다른 사람과 공감대를 형성하고, 폭넓은 인간관계를 구축할 수 있도록 하는 온라인 서비스예요. 즉 인터넷에서 개인 정보를 공유하여 다른 사람과의 의사소통을 도와주는 1인 미디어, 1인 커뮤니티예요.

1세대 SNS 서비스로는 버디버디, 싸이월드 등이 있어요. 버디버디는 2000년에 설립된 우리나라 기업으로 메신저 등을 운영했어요. 현재는 서비스가 종료되었답니다. 싸이월드는 미국의 뉴스전문방송인 CNN에서 한국의 앞서가는 IT문화 중 하나로 소개한 적도 있지만, 현재는 일부 서비스만 운영되고 있어요. 최근 많이 활성화된 SNS 서비스는 페이스북과 인스타그램 등이에요.

SNS는 개방형, 폐쇄형, 버티컬 등 세 가지 종류로 구분돼요.
개방형 SNS는 불특정 다수와 쉽게 친구관계를 맺을 수 있는 형식이에요. 온라인에서 친구를 만들고 오프라인까지 이어갈 수도 있어요. 대표적인 개방형 SNS로 네이버 블로그, 트위터, 카카오스토리 등이 있어요. 공개범위를 전체로 설정하면 누구나 볼 수 있기 때문에 게시글이 확산되는 데 파급력이 높아 SNS마케팅으로 활용되기도 해요.

폐쇄형 SNS는 불특정 다수와 소통하는 것이 아니라 밀접한 관계가 있는 소수 인원과 관심사를 공유하는 것이에요. 쉽게 말해 오프라인에서 이미 친한 사람들끼리 온라인에서 더욱 깊이 인맥을 쌓는 것으로 볼 수 있어요. 개방형 SNS로 인해 사생활 노출이나 도용 문제가 발생하면서 이런 단점들을 보완하기 위해 새롭게 등장한 것이 폐쇄형 SNS예요. 대표적인 폐쇄형 SNS는 네이버 밴드예요. 네이버 밴드의 경우 회원의 초대가 있어야만 해당 모임에 가입할 수 있어요.

버티컬 SNS는 개방형 SNS와 달리 특정 관심사만 공유할 수 있고, 폐쇄형 SNS처럼 소규모가 아닌 누구나 친구를 맺을 수 있는 서비스예요. 대표적으로 핀터레스트가 있는데, 음식, 다이어트, 운동 등 관심 분야의 이미지를 모으는 SNS예요. 이렇게 모아진 사진은 키워드와 해시태그 기능을 통해 관심사가 같은 사람끼리 소통하고 정보를 공유할 수 있도록 했어요.

전설의 돈보이 등장

진짜 짜장면으로 되겠어?
탕수육 안 먹을래?

응, 오늘은
짜장면만 먹을게.

그대신 다음에는
돈가스 부탁해.
삼촌!

그러니까 회사에
또 오겠다는 뜻이군.

뿌읍

SNS 판매?

저번에 삼촌이 SNS로 우리 물건 파는 거 도와줬잖아. 나랑 소희가 그런 식으로 사업해 보려고.

좋은 생각이네.

오늘 삼촌이 하나부터 열까지 다 가르쳐 줄게!

우정씨, 아니 사장님! 아랑 기획팀에서 약속 시간을 3시로 앞당길 수 있냐고 연락이 왔어요.

그래요? 중요한 거래처니 우리가 맞춰줘야지요.

3시까지 가려면 지금 출발해야겠군.

그럼 우리는?

우리 약속은 안 중요해요?

헉

29

지나씨!

예?

이 애들의 사업 상담 좀 부탁해요! 상담비용은 내가 낼게요!

뭐라고요?

잠시 후

진짜 *프로페셔널해!

와! 공식 상담이 되니까 말투부터 존댓말로 바꿨어!

사장님이 의뢰한 공식 상담이니까. 그럼 여러분의 의뢰 내용부터 알아볼까요?

지나 언니. 우리도 언니라고 부를 테니까 말 놓으세요.

맞아요. 분위기가 너무 딱딱해서 오히려 상담하기가 어려워요.

다행이야. 나도 어린이 고객은 처음이라서 당황했어.

*프로페셔널: 줄여서 프로. 어떤 일을 전문적으로 하거나 그런 지식이나 기술을 가진 사람.

그래서 너희가 온라인에서 취급할 상품 품목이 뭐야?

이것저것 돈 되는 것은 다요!

범위가 너무 넓은데? 나사못부터 우주선까지 다 사고팔고 하겠다는 거니?

앗! 그런 의미가 아닌데!

어휴, 앞뒷말 다 자르고 말하니까 언니가 난감해 하잖아.

내가 성격이 좀 급해서 그래.

우리는 추억의 물건을 거래하고 싶어요. 추억과 관련한 것은 뭐든지 다 취급할 거예요.

추억의 물건?

어른들은 어릴 적에 가지고 있던 물건을 통해 추억을 느낀대요. 아이들도 유치원 때 갖고 놀던 물건을 보면 관심을 갖더라구요. 그래서 좋은 추억을 떠올릴 수 있는 물건을 팔려구요.

추억의 물건이라.
확실히 시장성은 있어.

그렇죠?

하지만 물건을 구하는 것이 쉽지 않을
수도 있어. 처음에는 너희가 구할 수
있는 것을 알아보고 시작해야 해.

일단 작게 시작해서
나중에 규모를
늘리는 거야.

우리가 구할 수
있는 거라고 해봐야
엄마 아빠의
물건들인데.

외할머니 댁에
엄마의 어릴 적 물건이
몇 개 있어요.
사진, 그림 그린 거…

그런 거는 개인적인
물건이라서
잘 팔리지 않아.

당시에 유행하던 것.
누구나 갖고 싶어 하던 것.
지금은 생산되지 않는 것.
보존 상태가 좋은 것.

추억의 물건이면서
이런 조건을 가지고
있어야 팔 수 있어.

우리는 부모님
시대를 모르잖아.

수십 년 전에
유행하던 물건이
뭘까?

← SNS 콘텐츠 큐레이터

인터넷이 발달하면서 엄청난 정보를 누구나 쉽게 온라인에서 접할 수 있게 됐습니다. 그러나 지나치게 정보가 많다 보니, 전문가가 아닌 사람들은 어떤 정보가 유용하고 최신의 것인지 파악하기 힘들다는 문제도 생겼습니다.

SNS 콘텐츠 큐레이터는 사용자가 원하는 특정 정보를 하나의 화면에 보기 좋게 배치하여 사용자가 원하는 정보를 편하게 찾을 수 있도록 하는 사람입니다. SNS 콘텐츠 큐레이터는 정보를 빨리 파악해서 찾아야 할 뿐만 아니라, 그 정보를 알기 쉽게 구성해야 합니다. 따라서 인터넷 사용에 능숙하고 SNS 활용 경력이 많아야 합니다. SNS 콘텐츠 큐레이터는 관심분야가 다양하고 정리를 잘하는 성격의 사람에게 알맞습니다.

내가 선정한 추억의 물건 기준은 이거야.

엄마 아빠가 초등학생 때의 물건.
시대적으로는 1990년대
당시 유행하던 완구나 카드게임
당시 유행했지만 지금은 절판된 만화책
당시에 유행했던 애니메이션 관련 물품.

앗! 엄마 어릴 적 사진보니까 마법 요술봉 들고 있던데.

우리 아빠도 책장에 로봇 장난감 전시해 놨어!

할머니, 할아버지 댁에서 부모님이 쓰던 물건을 우연치 않게 찾는 사람도 꽤 많단다.

맞아요! 외할머니 댁에도 엄마 물건을 모아둔 상자가 있어요.

누나! 상담 고마워요!

서비스로 집 근처까지 데려다줄게.

탁

정말 여기서 내려줘도 돼?

소희랑 가면서 얘기할 것도 좀 있거든요.

지나 언니 지나칠 정도로 친절한데?

그게 뭐 이상해? 내가 사장님 조카니까 신경 써주는 거겠지.

부웅

과연 그것뿐일까? 여자의 감은 예리하다고.

너무 그렇게 복잡하게 생각하지 마. 지금은 일단 우리 문제만 생각하자고.

팔릴 만한 물건은 파악했으니까 이제 그걸 어떻게 구하느냐가 문제야.

엄마 아빠 물건만으로는 한계가 있어. 친척 어른들께도 물어봐야겠어.

그래, 일단 구할 수 있는 물건을 찾아보자.

응, 그리고 그 물건의 현재 가치도 조사하자.

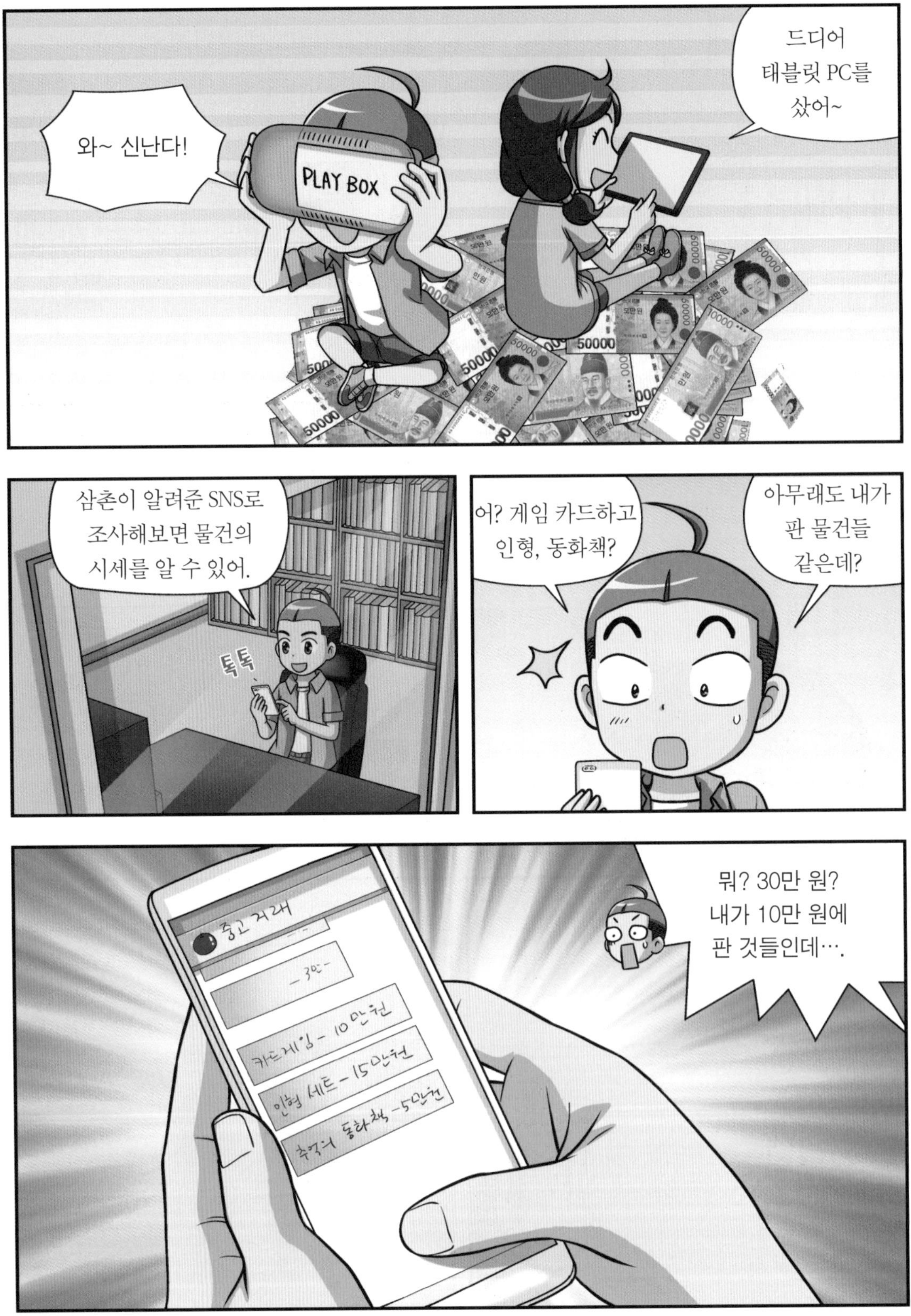

PLAY BOX
와~ 신난다!
드디어 태블릿 PC를 샀어~
삼촌이 알려준 SNS로 조사해보면 물건의 시세를 알 수 있어.
톡톡
어? 게임 카드하고 인형, 동화책?
아무래도 내가 판 물건들 같은데?
중고 거래
카드게임 - 10만원
인형 세트 - 15만원
추억의 동화책 - 5만원
뭐? 30만 원? 내가 10만 원에 판 것들인데….

이… 이럴 수가!
20만 원이나 더 비싸게
받다니!

다음날

정말이야?
우리 물건을
몇 배나 받고 되판
사람이 있다고?

진짜네!

봐.

의욕이 사라진다.
혹시 우린 장사에
소질 없는 거 아냐?

응?

거래한 사람
프로필 사진이 어째
낯이 익은데?

낯이 익다고?

난 처음 보는 얼굴인데.

이 얼굴에서 미소를 지우고 심술궂은 표정을 짓고 있다고 생각해 봐.

미소를 지우고, 표정을 심술궂게.

설마 이 얼굴은!

이제 눈치챘어?

쿠궁

전설적인 돈 모으기의 귀재! 그래서 별명이 돈보이!

게다가 옆 반 친구이기도 하지.

유치원때 간식으로 받은 과자를 팔아서 놀이공원 평생 입장권을 샀다는 전설적인 거래의 천재!

그건 지나친 과장이고.

어쨌든 어릴 때부터 장사에 소질 있었던 거는 사실인 것 같아.

우리 물건을 싸게 사서 비싸게 되판 사람이 돈보이라니.

잠시 후

나올까?

나오겠지.

돈 냄새 하나는 기막히게 맡으니까.

그거 날 말하는 거냐?

39

거래에 대한 의문점이라니, 도대체 무슨 뜻이야? 너희들 나랑 거래한 적 있어?

직접적인 거래는 아니지만.

며칠 전에 SNS로 거래한 적 있거든.

아! 기억난다. 그런데 난 어른이랑 거래했는데?

거래를 대신해 준 게 삼촌이야. 그 물건 주인이 바로 우리고.

그래서 뭐?

혹시 그런 물건 더 있어? 나한테 직접 팔겠다고?

그런 거 아니야.

우리한테 10만 원에 물건을 샀잖아. 난 그게 너한테 정말로 소중한 추억의 물건인 줄 알았단 말야.

그래서?

그런데 그걸 바로, 그것도 몇 배로 비싸게 되판다는 게 말이 되니?

그게 뭐가 어때서 그래?

10만 원에 산 걸 30만 원에 파는 건 말이 안 되잖아?

얼마에 팔든 그건 내 마음이지.

물건에 대한 가치를 모르고 10만 원에 판 네가 잘못이지. 내가 30만 원에 파는 게 잘못은 아냐.

너희 정말 웃긴다. 이렇게 바보짓 하는 것도 그렇고!

헉! 갑자기 표정과 분위기가 바뀌었어!

SNS의 역사

스마트폰 이용자가 증가하고 무선인터넷 서비스가 확장되면서 SNS 이용자 또한 급
증했어요. 인터넷에서 다른 사람과 관계를 맺는 SNS는 어디서부터 시작되었고 어떻
게 이어져 왔는지 그 역사를 알아볼까요?

SNS는 PC통신의 시스템을 본따 만들어졌어요. 사람들은 SNS가 등장하기 전부
터 PC통신을 통해 게시판에 글을 남기고 대화했어요. 미국에서는 1985년 커뮤
니티 서비스 '더 웰'이 처음 등장했고 우리나라에서는 1988년 한국경제신문이
만든 '케텔'을 시작으로 '하이텔', '천리안' 등 다양한 PC통신이 등장했어요.

1990년대 후반에 웹 기반 인터넷 서비스가 활성화되면서 PC통신은 쇠퇴하기
시작했어요. 우리나라 초창기 인터넷 서비스는 다음 카페가 대표적이에요. 미
국에서는 1997년 '식스디그리즈닷컴'이란 사이트가 만들어졌어요. 개인 프로필
을 생성하고 친구목록을 만들고 검색 기능도 지원했단 점에서 오늘날 SNS와 매
우 유사해요. 식스디그리즈닷컴은 향후 SNS에 크게 영향을 미쳐 2003년 '마이
스페이스', 2006년 '페이스북', '트위터' 등 다양한 미디어 서비스들이 생겨나는
원조가 되었어요.
우리나라에서는 1999년 '아이러브스쿨', '싸이월드'가 생겼는데요. 아이러브스
쿨은 출신학교를 매개로 이용자들을 구분했어요. 특히 싸이월드는 1촌 시스템
과 도토리 등 여러 기능을 도입해서 우리나라 최고의 SNS로 자리잡게 되었지
만, 모바일 환경을 따라가지 못하면서 인기가 줄어들었답니다.

이후 2006년 페이스북과 트위터 등이 등장하면서 큰 인기몰이를 하고 있어요. 페이스북과 트위터 이용자 수가 급증할 수 있었던 것은 스마트폰의 영향이 컸어요. 2007년 출시된 애플의 아이폰은 인터넷에서 모바일로 트렌드를 빠르게 변화시켰어요. 특히 우리나라의 카카오톡은 출시된지 불과 2년 만에 전 세계적으로 4,500만 명의 가입자를 모았어요. 카카오와 연계된 카카오스토리는 나온지 5일 만에 1,000만 명이 넘는 사람들이 가입했고요.

현재 전 세계적으로 널리 쓰이고 있는 SNS는 페이스북, 인스타그램, 트위터, 유튜브, 핀터레스트 등이 있어요. 우리나라에서는 2018년 한국인이 가장 많이 이용한 SNS로 네이버 밴드가 꼽혔어요.

빠르게 변화하는 시대 흐름에 맞춰 여러 SNS가 나타났다 사라졌어요. 지금은 전 세계에서 사용하지만 불과 몇 달 만에 아무도 사용하지 않는 SNS가 될 수도 있답니다. 그럼에도 불구하고 한 가지 변하지 않는 사실은 SNS를 사용하는 이용률은 계속해서 증가할 것이라는 점이에요.

추억지킴이로
동호회 시작

우리가 무슨 바보짓을 했는데?

초보자들은 이래서 문제야.

사업가의 최종 목적은 뭐지? 바로 최대한 이익을 남기는 거야.

내가 내 물건을 팔던, 다른 사람한테 산 물건을 되팔던, 얼마에 물건을 팔던 그건 너희가 상관할 바가 아니라는 거지.

그래도…

한 가지 예를 들지. 네가 어떤 사람한테 사과를 한 개에 천 원에 샀다고 해.

그런데 다른 사람이 와서 그걸 삼천 원에 사겠다고 하는 거야. 그럼 너는 어떻게 할래?

그야 삼천 원에 팔겠지.

그것 봐. 너도 마찬가지잖아. 나랑 다를 게 뭐가 있어?

끄응~

더 급하고 더 필요한 사람은 더 많은 돈을 내게 돼 있어. 난 그 기회를 노린 거고.

물건 가격이 오를 걸 예상하지 못하고 덜컥 팔아버린 너희가 잘못한 거지.

어쨌든 난 법적으로
전~~~혀 문제가 없거든.
나한테 뭐라고 할 자격이
너희한테는 없어.

깡

더 할 말 없으면
난 이만 간다.

우뚝

그러고 보니 며칠 전에
중고품을 판다는 옆 반 애들
얘기를 들었는데…

혹시
너희들이냐?

너희들 같은 초보가
제대로 장사나 하겠어?
뭐 나라면 그 물건 사줄 수도
있는데.

신경 꺼! 우리가
알아서 할 거야.

무슨 벼룩시장도 아니고. 그래서는 큰돈을 못 벌어.

난 중고품 거래 전용 앱을 만들거라고.

우리도 할 생각이거든! 이미 전문가에게 알아 봤어.

그래?

현실은 생각보다 가혹한 법이야. 어쨌든 잘해 봐.

알밉지만 모두 맞는 말이야. 장사 수완은 돈보이가 우리를 훨씬 능가해.

난 그렇게 생각 안 해.

돈보이가 돈은 벌었는지 몰라도 감동이 없는 걸.

가… 감동?

그러니까 사고파는 사람이 모두 기분이 좋은 그런 장사말이야.

세상에 그런 장사가 있나?

빵빵

애들아!

끼익

어! 삼촌!

안녕하세요?

근처에 일이 있어서 나왔는데 너희들을 이렇게 만나네. 참, 너희들 아르바이트 하나 하지 않을래?

부우웅

아르바이트요?

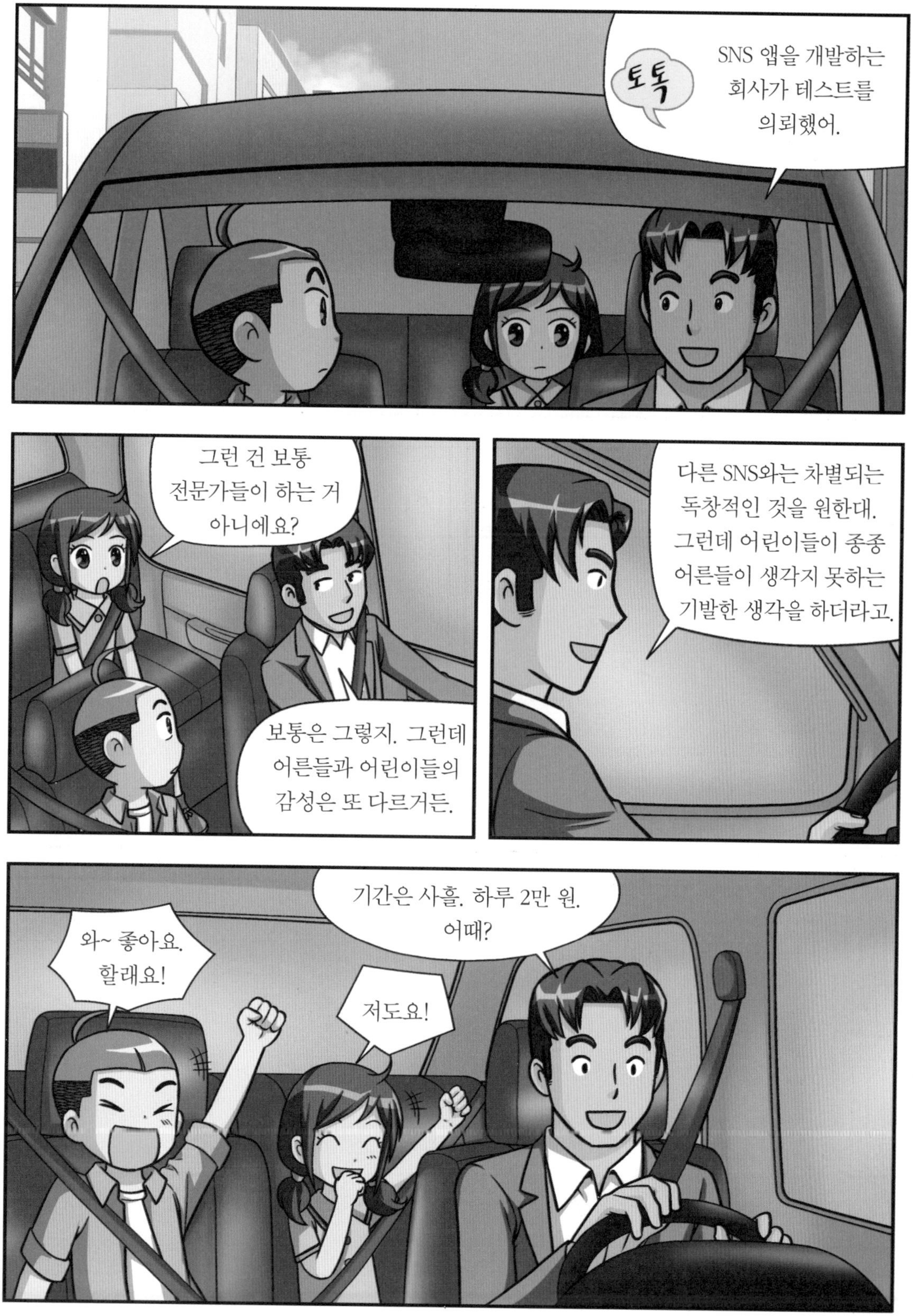
토톡
SNS 앱을 개발하는 회사가 테스트를 의뢰했어.
그런 건 보통 전문가들이 하는 거 아니에요?
보통은 그렇지. 그런데 어른들과 어린이들의 감성은 또 다르거든.
다른 SNS와는 차별되는 독창적인 것을 원한대. 그런데 어린이들이 종종 어른들이 생각지 못하는 기발한 생각을 하더라고.
기간은 사흘. 하루 2만 원. 어때?
와~ 좋아요. 할래요!
저도요!

일단 특별 아이디로 로그인하고. 테스트용 앱을 깔고.

내 아바타를 만들고. 그럼 시작해 볼까?

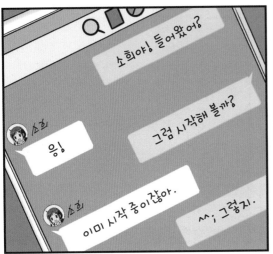

소희야 들어왔어?

그럼 시작해 볼까?

응!

이미 시작 중이잖아.

ㅆ; 그렇지.

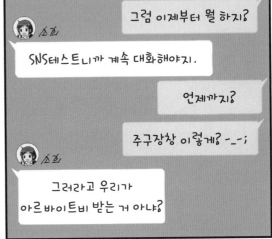

그럼 이제부터 뭘 하지?

SNS테스트니까 계속 대화해야지.

언제까지?

주구장창 이렇게? -_-;

그러라고 우리가 아르바이트비 받는 거 아냐?

이게 뭐야. 다른 SNS랑 별로 다를 게 없잖아.

이건 뭐지?

소희야! 들어왔어?

그럼 시작해 볼까?

^^; 그렇지.

그럼 이제부터 뭘 하지?

언제까지?

주구장창 이렇게? -_-;

헉! 소희가 쓴 문자만 다 삭제되잖아!

아! 단체 대화할 때 대화하기 싫은 사람의 글은 안 보이게 하는 기능인가 보다.

지금은 나랑 소희뿐인데! 이러면 소희랑 문자를 주고받을 수 없잖아. 대화를 다시 살리는 기능 없나?

틱
틱
틱

웬 게임? 대화가 지루할 때 시간 보내라고? 이런 기능을 왜 넣은 건데?

앗! 소희가 방을 나갔다!

헉! 특수문자 창이 따로 생겼어!

잉? 내 글이 다 삭제됐어!

이 SNS 앱 버그가 너무 많아.

며칠 후

그래, 베타 테스트 소감은 어때?

재미있었어요!

그런데 쓸데없는 기능도 있고, 버그도 많고 좀 이상하기도 했어.

우리 둘만 하니까 지겹기도 하구요.

아직 개발 단계라서 문제가 많나 보군.

물론 재미있는 기능도 많았어.

그런데 기능 설명이 너무 어렵달까 불친절하달까.

맞아. 설명서라도 있으면 좋았을 텐데.

이 SNS 앱은 화면을 둘로 나눌 수 있더라고. 다른 화면에 도우미 기능이 있었으면 좋겠어.

도우미 기능?

이 단계에서는 망치를 이용하거나 폭탄을 사용할 수 있습니다.

어떤 온라인 게임에는 시작할 때 설명을 해주는 인물이 나와요. 이 SNS에도 이런 기능이 있으면 큰 도움이 될 것 같아요.

재미있는 발상이야. 그리고 또?

동호회를 찾거나 만드는 기능이 있으면 좋겠어.

동호회?

우리가 원하는 동호회를 찾아주거나, 없으면 만들어주고, 아예 관리까지 해주는…

어이 조카님! 동호회 만드는 건 자기가 직접 하셔야죠!

하지만 SNS 도우미는 꽤 좋은 의견이야.

그런데 동호회를 강조하는 이유는?

나랑 소희는 추억의 물건에 대한 장사를 할 생각이거든.

추억의 물건을 필요로 하는 사람들끼리 같이 모여 있으면 거래하는 데 도움이 되지 않겠어?

허어.

그럼 너희가 동호회를 만들고 커뮤니티 가드너 역할도 하면 되겠네.

커… 커뮤니티 뭐?

커뮤니티(Community) : 공동체 사회
가드너(Gardener) : 정원사

특정 동호회를 정원사처럼 키우고 가꿔서 잘 돌아가도록 하는 사람이야. 쉽게 말하자면 동호회 도우미라고나 할까.

← **커뮤니티 가드너**

커뮤니티 가드너는 온라인상에 존재하는 동호회, 카페, 클럽 등 온라인 동호회를 관리, 분석, 지원해서 동호회가 더욱 활성화 되도록 만드는 사람입니다.
커뮤니티 가드너는 회원이 요구하는 사항을 반영해 서비스를 개선하고, 온라인이나 오프라인에서의 모임을 지원합니다. 또한 불건전한 내용이나 불량 회원을 감시하고 적절히 대처합니다.
커뮤니티 가드너는 회원들과 끊임없이 의사소통을 해야 합니다. 따라서 남의 의견을 잘 듣거나 이해심이 많고 활동적인 성격의 사람에게 알맞습니다.

만약 동호회를 만들면 커뮤니티 가드너 역할은 소희가 하면 되겠다.

저요?

왜 콕 집어서 소희야?

커뮤니티 가드너는 차분하고 꼼꼼한 사람이 잘 어울려. 그런데 너는?

치분하지 않다

실수도 많다

이유가 많다

복잡한 것을 싫~다~

꼼꼼하지 않다

고민이 별로 없다

끙

커뮤니티 가드너 잘 부탁한다, 소희야.

아직 동호회 만들지도 않았거든!

자자, 일단 테스트하고 좋은 의견을 줬으니 비용을 지불해야지? 온라인으로 지급한다.

민호님 통장에 6만 원이 입금 됐습니다.

6만 원 벌었다.

우와!

너 이 돈으로 뭐 할 거야?

게임기 사는 데 보태야지.

우리 사업자금으로 쓰자.

사… 사업자금?

추억의 물건을 구하려면 일단 돈이 있어야 해. 이건 그때를 위한 비상금.

오! 좋은 생각이야.

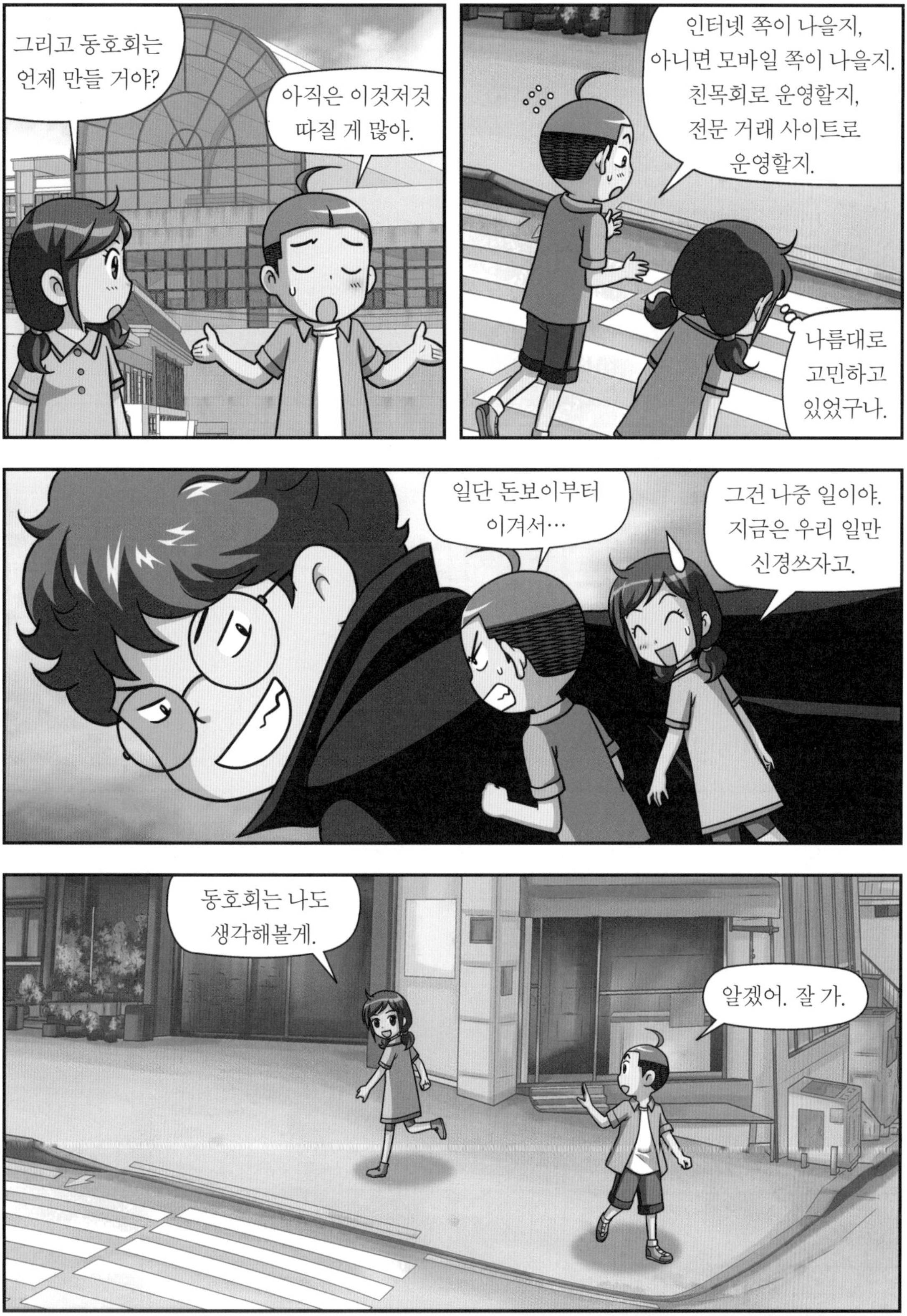
그리고 동호회는 언제 만들 거야?
아직은 이것저것 따질 게 많아.
인터넷 쪽이 나을지, 아니면 모바일 쪽이 나을지. 친목회로 운영할지, 전문 거래 사이트로 운영할지.
나름대로 고민하고 있었구나.
일단 돈보이부터 이겨서…
그건 나중 일이야. 지금은 우리 일만 신경쓰자고.
동호회는 나도 생각해볼게.
알겠어. 잘 가.

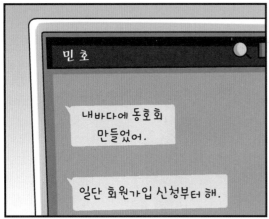

민 초

내바다에 동호회
만들었어.

일단 회원가입 신청부터 해.

빠르기도 해라.
행동력 하나는
알아줘야 한다니까.

추억의 아이템
자랑하기 동호회

일단 가입하기
클릭하고.

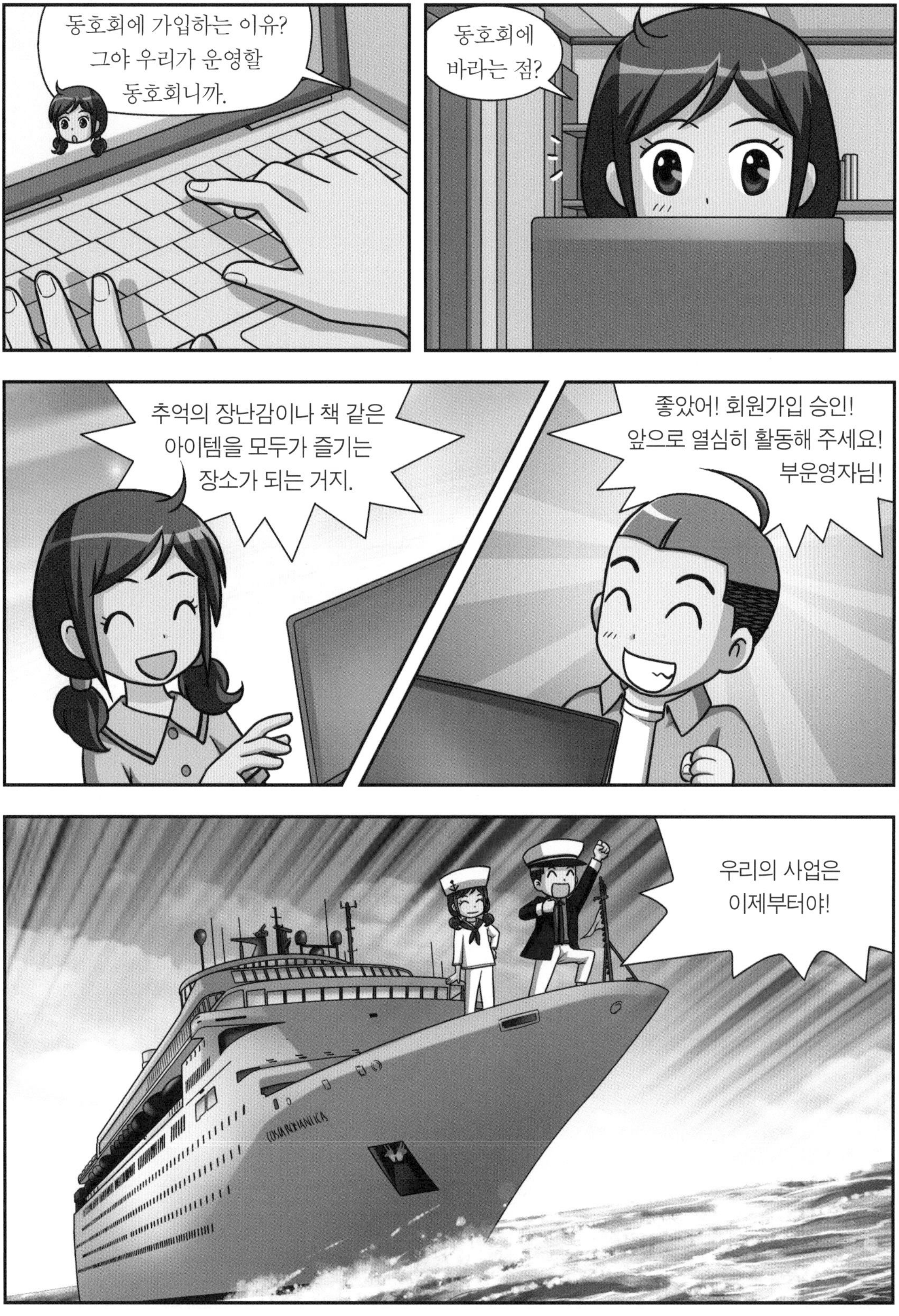

동호회에 가입하는 이유? 그야 우리가 운영할 동호회니까.
동호회에 바라는 점?
추억의 장난감이나 책 같은 아이템을 모두가 즐기는 장소가 되는 거지.
좋았어! 회원가입 승인! 앞으로 열심히 활동해 주세요! 부운영자님!
우리의 사업은 이제부터야!

SNS 특징

SNS는 서비스마다 독특한 기능과 특징을 가지고 있어 SNS의 특징을 포괄적으로 규정하기가 쉽지 않지만, 일반적인 특징은 다음 다섯 가지로 볼 수 있어요. SNS의 특징이 무엇인지 알아볼까요?

① 즉시성

스마트폰의 SNS 애플리케이션을 통해 언제 어디서나 SNS를 사용할 수 있게 되면서 콘텐츠를 즉시 올릴 수 있고 이에 대한 반응도 바로 확인할 수 있어요. 이는 즉시성을 확보한 것이에요.

② 공유성

SNS를 통해 자신이 만든 콘텐츠나 정보를 자신이 속한 그룹과 공유할 수 있어요. 또한 링크를 통해 쉽고 간편하게 다른 사람에게 게시글을 전송할 수 있기 때문에 공유성을 띠고 있어요.

③ 실시간성

정보 공유가 실시간으로 이루어지기 때문에 나타나는 특징이에요. TV나 책 등 기존의 다른 매체에서 정보를 공유하려면 한 달 혹은 적어도 하루의 시간이 필요해요. 반면 SNS는 멀리 떨어진 사람과도 정보를 실시간으로 나눌 수 있어요.

④ 집단지성

콘텐츠나 정보를 올리면 SNS 커뮤니티에 그 내용이 축적되고 발전함으로써 거대한 지성이 만들어져요. 이렇게 만들어진 정보의 숲은 집단지성을 뜻해요.

⑤ 상호작용성

SNS 특성상 여러 사람이 활용하여 서로의 글에 댓글을 남기고 소통하고 정보나 의견을 교환해요. 이를 통해 정보를 수정하거나 새로운 콘텐츠를 생산하는 등의 상호작용성을 드러내요.

이러한 SNS 특징은 우리 사회에서 사람과의 관계를 바꾸는 역할을 할 것이라 예상돼요. 기존 컴퓨터 이메일처럼 메시지만 오가는 것이 아니라 대면하지 않고도 실시간으로 쌍방 소통이 가능하다는 점 등 과거와는 전혀 다른 제3의 새로운 소통 방식이 형성되었기 때문이에요. 한번도 만나지 못한 외국인 친구와도 SNS를 통해 얼굴을 마주보고 소통하게 되면서 새로운 관계인 SNS 친구를 만들어내는 것이지요.

앞서가는 돈보이

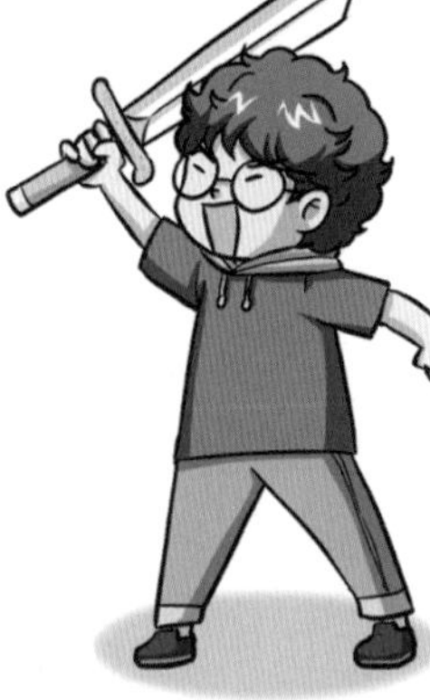

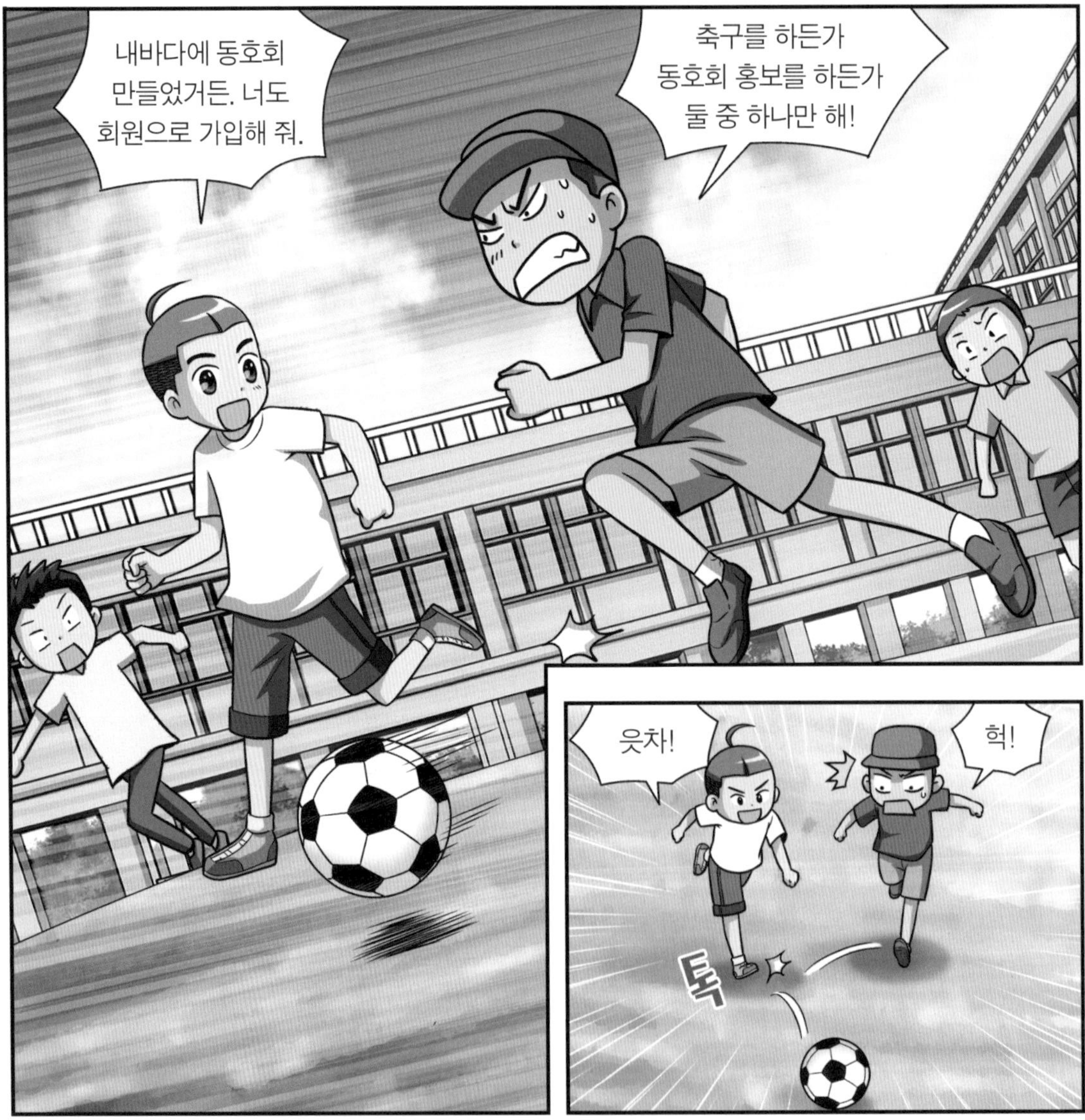
내바다에 동호회 만들었거든. 너도 회원으로 가입해 줘.
축구를 하든가 동호회 홍보를 하든가 둘 중 하나만 해!
웃차!
헉!
톡

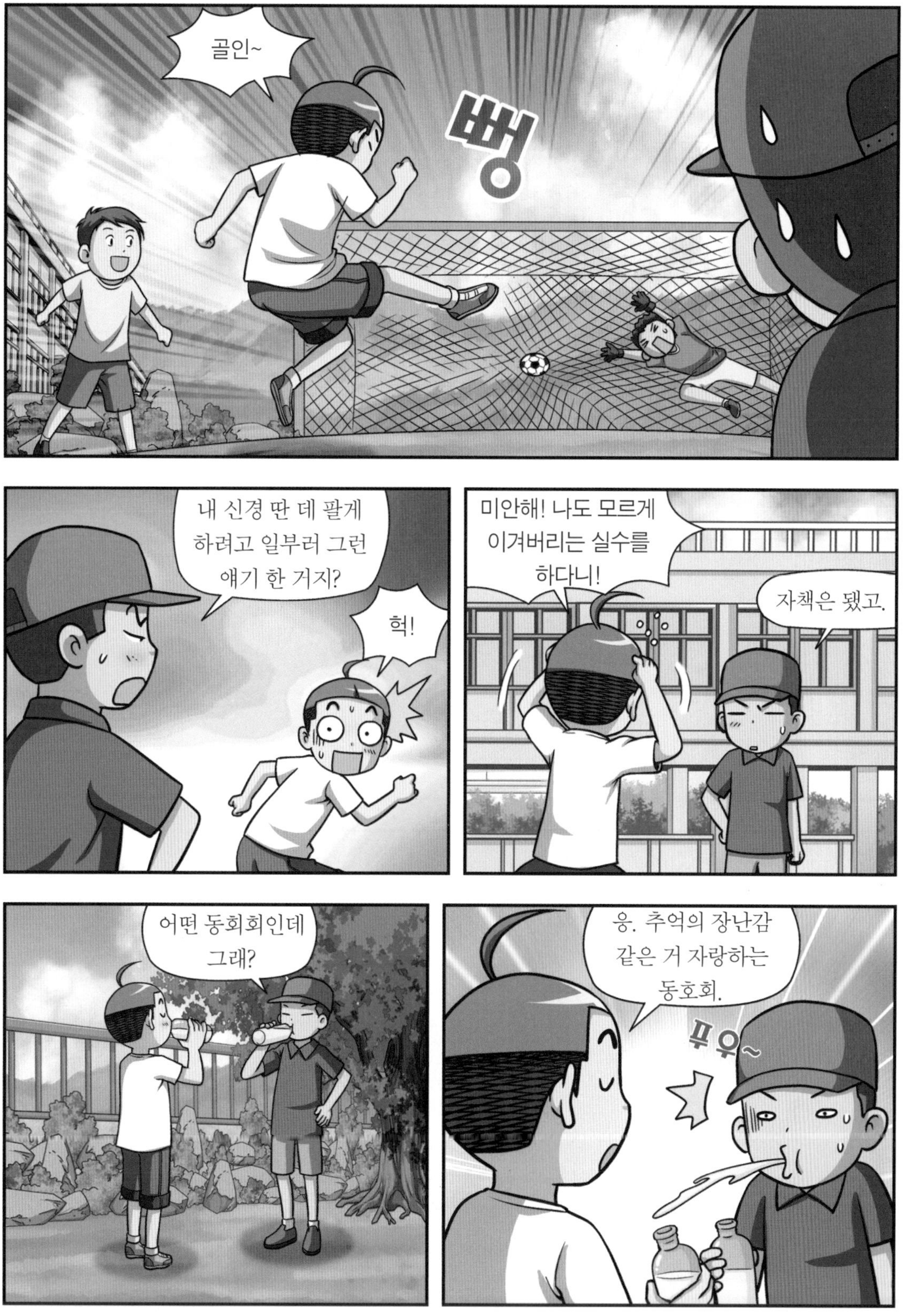
골인~
뻥
내 신경 딴 데 팔게 하려고 일부러 그런 얘기 한 거지?
헉!
미안해! 나도 모르게 이겨버리는 실수를 하다니!
자책은 됐고.
어떤 동회회인데 그래?
응. 추억의 장난감 같은 거 자랑하는 동호회.
푸우~

우리 나이가 몇인데 벌써 추억 타령이냐? 유치원 때 추억이라야 기억도 잘 안 나는데.

우리들의 추억 말고.

우리 부모님들의 추억 말이야.

부모님들의 추억?

어머나! 뽀롱삐롱 요술공주잖아!

우리 동호회 회원이 올린 사진이에요.

우리 부모님들도 우리처럼 어릴 때가 있었다고. 그런데 동호회에 있는 사진들을 보면 추억에 젖지 않겠어?

오! 저건 로봇 태권브이야! 어릴 때 내가 참 좋아했는데!

부모님도 재미있어 할 거야. 우리도 부모님과 즐거운 대화를 나눌 수 있고.

으음.

그때가 그립다~~~

알았어. 동호회 이름이나 가르쳐 줘.

따

좋았어!

후후. 벌써 회원이 9명이야! 이대로 가면 100명도 금방이겠어.

회원수는?

8명. 그리고 현재 설득 중인 상대 2명.

내가 9명에 네가 최대 10명. 우리 둘 포함하면 21명!

처음치고는 나쁘지 않아.

회원이 좀 더 많아지면 어른들도 가입시키자.

그럼 동호회가 훨씬 활발해질 거야.

추억지킴이
동호회?

좀 더 커지면
거래 장터도
만들 거예요.

하지만 회원끼리 직접
거래하면 너희에겐
별 득이 없잖아.

처음에는 그렇지만
동호회 규모가 커지면
얘기가 달라져요.

수수료 정책이라던가,
아니면 우리가 직접
거래 전문 사이트를
운영하면 돼요.

장사 철학이
어른인 나보다
낫네.

이 애들
디지털 마케터의 재능이
보이는데요?

그러게요.

누나. 디지털
맛탕이 뭐예요?

맛탕이 아니라
마케터.

Market - 시장
Marketer - 마케터

너희들 슈퍼마켓 자주 가지? 여기서 마켓은 시장이나 상점을 뜻해. 그리고 마케터는 시장과 관련된 일을 하는 사람이야.

시장과 관련된 일이란 물건을 더 많이 팔기 위해 여러 가지 방법을 연구하는 것이지. 그럼 디지털 마케터란?

인터넷에서 물건을 파는 방법을 연구하는 사람이요!

이해가 빠른데.

헤헤

말 나온 김에 간식으로 맛탕 사주면 안 돼요? 이왕이면 떡볶이도 추가로.

← 디지털 마케터

디지털 마케터는 인터넷, 모바일 같은 디지털 매체를 통해서 어떤 제품과 상표를 알려 판매하는 데 도움을 주는 사람입니다. 디지털 마케터는 기본적으로 시장조사를 하고 그에 대한 분석을 합니다. 때로는 상품 기획부터 예산, 생산, 판매에 이르는 모든 과정에 폭넓게 관여하기도 합니다.
디지털 마케터는 사업에 대한 이해가 높아야 할 뿐만 아니라 최신 유행도 잘 파악해야 합니다. 그래서 유행에 민감하고 경제 흐름을 잘 파악하는 사람에게 알맞은 직업입니다.

이렇게 먹으면 살찌는데.

배부르다!

동호회가 잘 되면 회사 어른들도 가입해 준댔어.

앞으로는 회원 관리를 잘 해야 해.

회원을 늘리려면 우선 자료가 많아야 해.

맞아! 엄마 아빠 물건 중에서 추억의 물건을 찾아서 올리자!

민호야! 아빠가 책상에서 이걸 찾았다!

그게 뭔데요?

삐삐라는 거야.

아빠가 어렸을 때는 휴대폰이 없었어. 그래서 급하게 통화하고 싶으면 연락해 달라고 삐삐로 전화번호를 남기는 거야.

그럼 밖에 나가있던 상대방이 공중전화로 삐삐를 보낸 사람한테 전화를 걸어서 통화를 했지.

와! 재미있는 물건이네.

그럼 이거 중고로 팔면 돈 많이 받아요?

어?

공짜로 줘도 안 받을 걸. 메이커 없는 싸구려 대량생산품이라서…

비틀

어쨌든 추억의 물건은 맞으니까, 올려는 봐야지.

이사 오면서 옛날 물건 참 많이 버렸는데. 지금 생각해보니 아깝네.

떠러리리링

소희야, 나 지금 바쁜데. 자료 올리는 중이거든.

뭐? 긴급상황?

그게 뭔데?

뭐! 돈보이의 기습?

깜짝

잠시 후

떡볶이 2인분… 나왔다.

그러니까 우리가 애써 모은 회원들이 돈보이의 동호회에도 동시에 가입했다고?

유미와 시내가 알려줬어.

괜찮지 않을까? 어차피 회원이 줄어드는 것도 아니고.

회원수가 중요한 게 아니야. 활동량이 다르다고!

우린 하루에 댓글이 5개! 돈보이 쪽은 하루에 평균 65개!

회원들의 활동이 10배도 넘게 차이난다고!

지, 진정해, 소희야!

탕

우리 반 아이들도 돈보이쪽 동호회에 댓글을 더 많이 달고 있어!

정말이야?

우 격

우 격

더 화가 나는 건…

돈보이가 우리 반 친구들에게 뇌물 작전을 썼다는 거야!

뇌물?

회원가입과 하루에 댓글 하나씩 다는 조건으로 구하기 힘든 아이돌 가수 카드를 제공했어!

뭐?

이해가 안 돼. 어째서 우리 반에 그렇게 공을 들이지?

당연한 거 아냐?

우리를 라이벌로 보고 애초에 성장할 기회를 싹 없애버리는 거지.

헉

아무리 하찮은 잡초라도 자라기 전에 제거해야 하는 법.

음햐하하

쿡!

무서운 아이.

자. 내 아이디로 돈보이 동호회에 접속해 놨으니까 둘러봐.

고마워, 유미야.

억! 자료가 많아!

생각보다 정리도 잘돼 있고. 신경 많이 썼네.

얄밉긴 하지만 빠른 행동력은 존경할 만해.

감탄만 하고 있을 때가 아니야.

우리도 뭔가를 해야 해. 디지털 마케터처럼 상대방을 분석해보자.

어떻게?

상대는 왜 잘나가는가, 우리가 부족한 것은 뭔가? 상대에게 약점은 없는가? 우리의 장점은 무엇인가?

그러니까 돈보이의 동호회를 샅샅이 훑어보자고.

여기 거래 메뉴 좀 자세히 봐봐.

이, 이건 꽤 구체적인데.

확실히 돈보이는 돈 버는 재주 하나는 기가 막혀.

돈보이는 어른이 아닌 아이들에게 물건 거래를 제안해.

왜냐하면 어른과 달리 우리들은 추억의 물건의 가치를 잘 모르니까.

게다가 우리는 늘 용돈이 부족하거든. 중고물건을 누가 사겠다고 하니까 무조건 파는 거지. 우리도 그랬잖아.

돈보이는 학교 커뮤니티를 최대한
활용하고 있어. 친분이 있는 사람들과
거래하니까 흥정도 쉽게 해.

게다가 일단 물건을 입수하면 동호회가
아닌 다른 경매 사이트에도 물건을 올려
가격 경쟁을 하는 것 같아.

우리는 상대도 안 될 만큼 SNS를
최대한 활용하고 있어.

생각보다
강적이야.

우뚝

이대로는 안 돼.
우리도 준비를
해야 해.

무슨 준비?

돈보이가 중고품
거래 전용 앱을
만든다고 했지?

만약 그게
히트친다고 하면…

우하하하! 추억의 아이템은 모두 내가 싹쓸이!

으으~ 우리는 시작도 못 해보고 망할 거야.

일방적으로 당할 수는 없어. 우리 자신에게 투자를 해야 해!

어떤 투자?

짝

소희야. 저번에 앱 테스트해서 받은 돈하고 돈보이와 거래하면서 받은 돈 얼마나 남아 있어?

하나도 안 썼어.

기특하게 나도 그래.

그래서 그 돈으로 뭘 하려고?

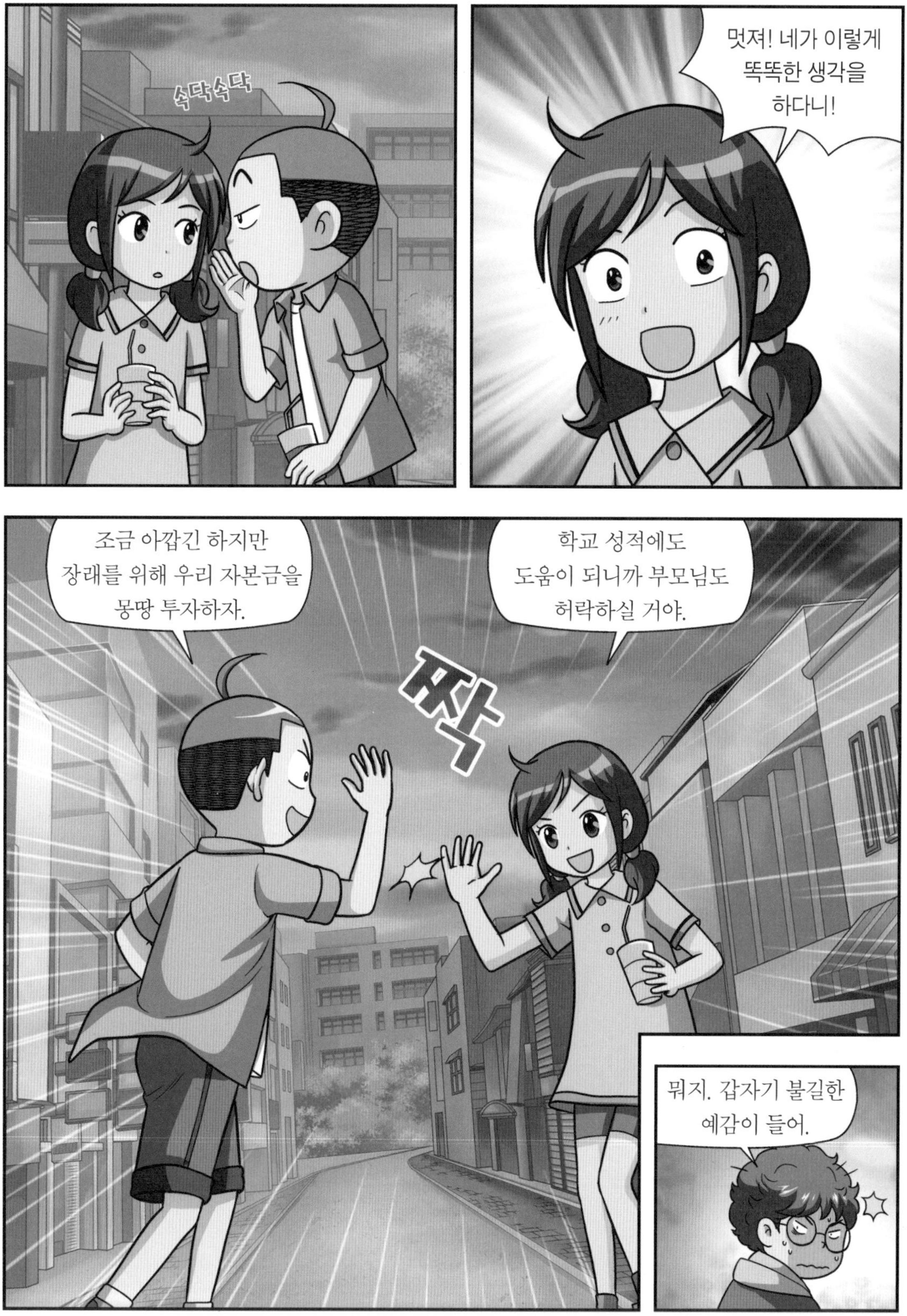
속닥속닥
멋져! 네가 이렇게 똑똑한 생각을 하다니!
조금 아깝긴 하지만 장래를 위해 우리 자본금을 몽땅 투자하자.
학교 성적에도 도움이 되니까 부모님도 허락하실 거야.
짝
뭐지. 갑자기 불길한 예감이 들어.

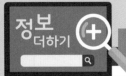
소셜마케팅이란?

SNS를 이용하는 사람이 해마다 증가하고 있어요. 정보통신정책연구원의 보고서에 따르면 지난 해 우리나라 전 국민의 SNS 이용률은 48%라고 해요. 두 명 중 한 명이 SNS를 이용하고 있다는 뜻이에요. SNS를 이용하는 사람이 많아지자, 기업에서는 SNS를 이용한 마케팅을 활발히 펼치고 있어요. SNS를 이용한 마케팅을 소셜마케팅이라고 해요. 소셜마케팅에 대해 자세히 알아볼까요?

소셜마케팅은 소셜 미디어 플랫폼과 웹사이트를 활용하여 제품이나 서비스를 홍보하는 것을 의미해요. 소셜 미디어에서 관심사 및 정보공유를 통해 고객이 필요로 하는 것을 파악하고 고객과 꾸준히 소통하면서 친밀한 관계를 형성해 기업 이미지를 제고하고 제품이나 서비스 판매를 증가시켜요.

● 특징

① 고객이 자발적으로 제품과 서비스에 관한 평가나 피드백을 남겨 상품 개선에 적극적으로 개입해요. 기업 입장에서는 고객의 숨겨진 니즈를 쉽게 파악할 수 있고 신상품 기획에 활용할 수 있는 정보도 얻을 수 있어요.
② 온라인상에서 기업과 고객 간 정보를 실시간으로 공유할 수 있어요.

● 장점

① SNS를 사용하는 고객들이 제품이나 서비스에 대해서 좋은 평가를 남기면 다른 사람이 이 게시글을 보고 구매하게 돼요. 기업이 홍보하는 광고보다 일반 고객이 남긴 좋은 평가에 더 신뢰가 가기 때문이에요.

② 이전에는 TV나 신문에 비싼 광고비를 내고 광고를 해야 했지만, SNS에 광고용 콘텐츠를 올릴 때는 비용이 들지 않아요. 또한 광고를 하고 싶을 때 바로 SNS에 게시할 수 있기 때문에 시간도 절약돼요.

● 단점

① 실수를 했을 때 통제하기 어려워요. 소셜 미디어에 잘못된 정보를 올릴 경우, 빠르게 삭제해도 이미 많은 사람에게 확산되어 이를 수습하기가 어렵기 때문이에요. 그래서 게시글을 올릴 때 실수하지 않도록 신중해야 해요.

② 고객의 소리보다는 관심을 얻기 위해 불필요한 이벤트를 자주 열게 돼요. 많은 팔로워에만 집중하면 고객이 진짜로 원하는 게 무엇인지, 무엇을 필요로 하는지 파악하기 더 어려워질 수 있어요.

전문가들과 협동작전

여어!

요즘 중고거래 동호회같은 거 만들었다면서?

큭! 우리 반 아이들도 회원으로 끌어가 놓고서 모른 척하기는.

중고거래 동호회가 아니라 추억지킴이 동호회야! 확실하게 알아 둬.

아, 그래. 추억지킴이.

그래서 동호회 만들어서 돈은 좀 벌었냐?

네 머릿속엔 돈 말고 다른 생각은 없냐?

너희도 어차피 나중에 동호회 키워서 물건 거래하려는 거 아냐?

그건 그렇지만 우린 너랑 달라!

뭐가 다른데?

그러니깐 우린 돈벌이보다는 회원들 간의 즐거움을 생각하고 추억을 제공하는…

웁!

말려들지 마.

턱

우릴 자극해서 우리의 사업 계획을 알아내려는 거야.

뭐?

쳇! 예리하기는.

너희가 무슨 꿍꿍이가 있는 건 나도 알아. 하지만 이젠 그것도 별 소용없을 걸.

81

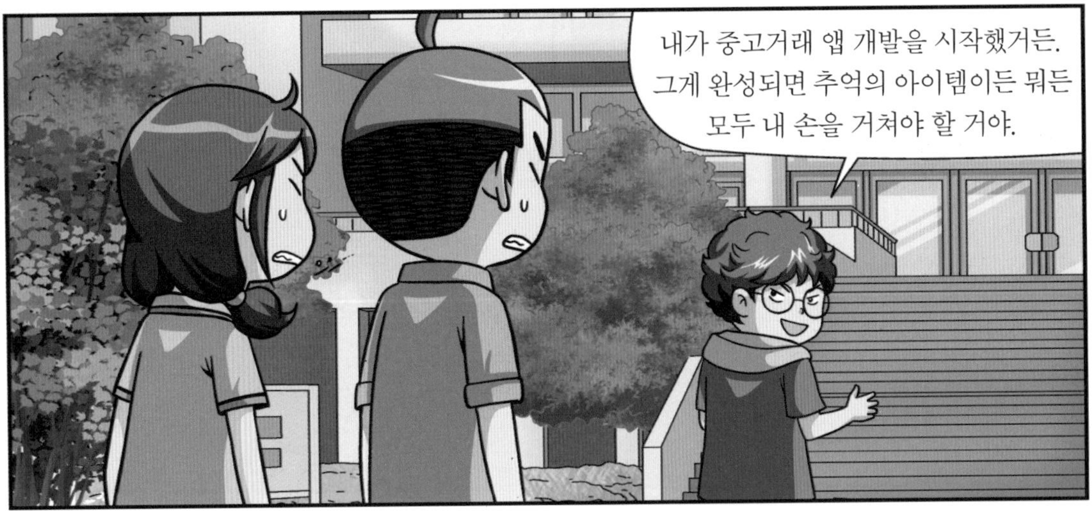
내가 중고거래 앱 개발을 시작했거든.
그게 완성되면 추억의 아이템이든 뭐든
모두 내 손을 거쳐야 할 거야.

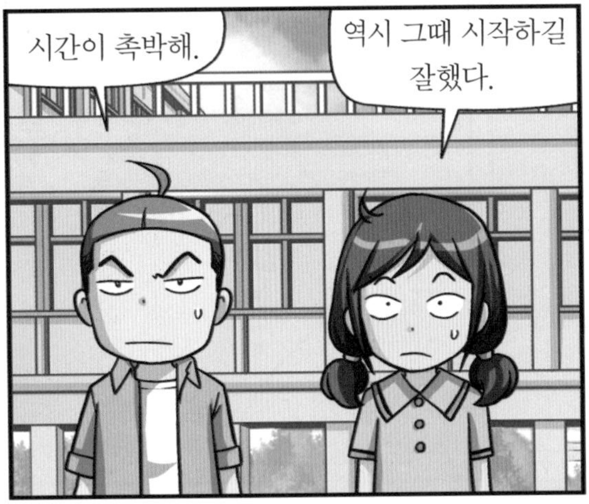
시간이 촉박해.
역시 그때 시작하길
잘했다.

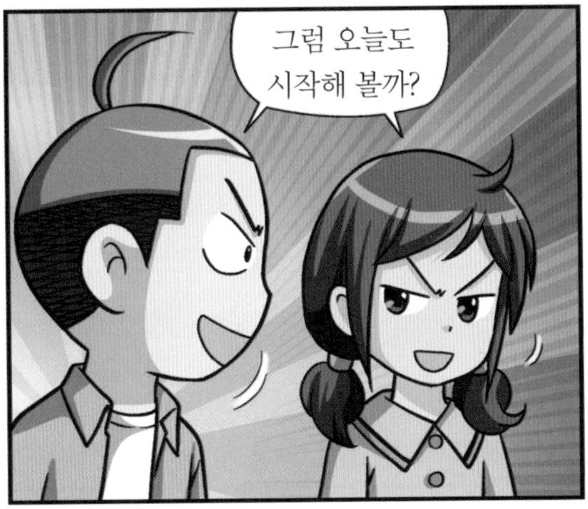
그럼 오늘도
시작해 볼까?

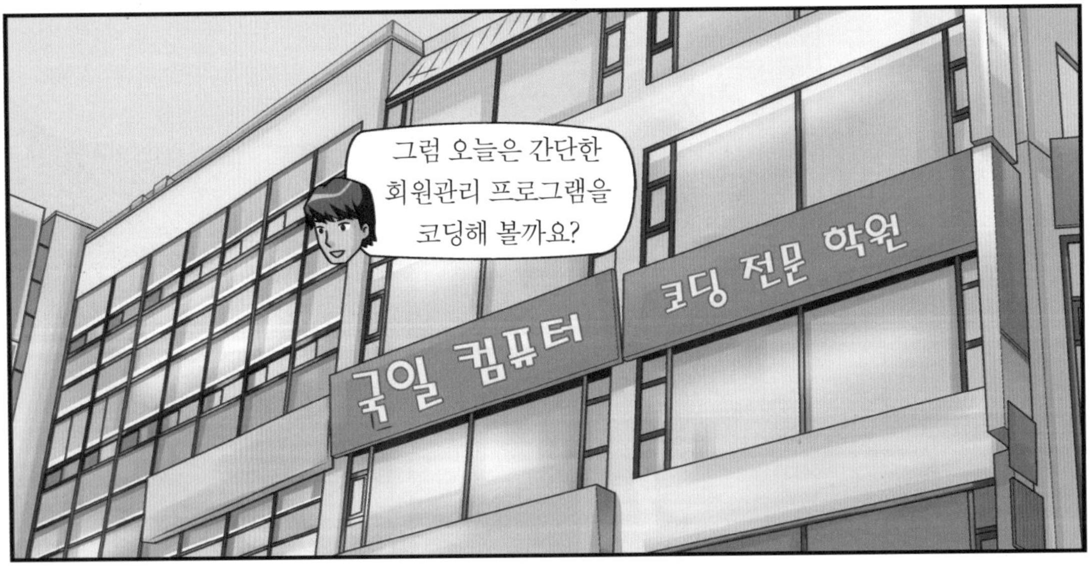
그럼 오늘은 간단한
회원관리 프로그램을
코딩해 볼까요?
국일 컴퓨터
코딩 전문 학원

지금은 간단하게 이름과 나이,
성별을 정리하는 정도로만
코딩해보세요.

어렵다! 그래도
해야지!

한 단계 더 도약하기
위해서는 이 과정을 반드시
뛰어넘어야 해!

맞아! 그래서 거~~금을
투자해서 학원에
등록한 거잖아.

잡담할 시간에
코딩에 집중할래?

열심이네.

학교에서도 코딩 가르쳐주지 않니? 비싼 돈 내고 학원까지 다닐 필요는 없잖아.

우린 학교에서 배우는 것보다 좀 더 전문적인 것을 배우고 싶어요.

특별한 온라인 쇼핑몰을 운영할 생각이거든요. 그러려면 프로그래밍과 코딩을 잘 알아야 해요.

어린 나이에 대단하구나. 너희처럼 열심히 하면 무슨 일을 하든 크게 성공할 거야.

특별한 쇼핑몰이라니? 어떤 건데?

추억의 아이템을 소개하고 거래하는 쇼핑몰이요.

할아버지. 혹시 오래된 장난감이나 책 같은 거 가지고 있으세요? 우리 동호회에 사진 올려 보게요.

나한테는 그렇게 특별한 것은 없는데.

아! 내 친구가 시골에서 문구점을 해. 거기에는 오래된 학용품이나 장난감이 있을지 모르겠다.

할아버지! 저희에게 그 친구분 소개시켜 주세요!

오냐. 내가 연락해보마.

장사 잘하네. 벌써부터 고객을 확보했구나.

잘 가렴.

안녕히 가세요.

어른들도 우리 동호회에 관심을 가지셔!

우리가 어리고 귀여워서 특별히 더 흥미를 느끼신 것 같아.

이제 코딩도 익숙해지기 시작했어.

그럼 다음 단계로 넘어가야지.

바로 잘나가는 사이트나 동호회 분석!

그런데 너무 많다.

생각했던 것보다 훨씬 어려운데.

우리가 너무 거창하게 나가는 게 아닐까?

천만에. 오히려 지금까지 두루뭉술했던 정보를 좀 더 명확하게 하는 작업이야.

그래도 우리끼리 모든 SNS 관련 인기 사이트를 분석하는 것은 무리야.

으음. 할 수 있다고 해도 시간이 엄청 많이 걸리겠지.

이럴 때는!

전문가에게 맡기는 게 합리적이지!

삐익

그래서 또 왔다고?

에헤헤.

애들아. 여기는 회사지 너희들 놀이터가 아니야.

어?

물론 너희도 도움이 필요하니까 왔겠지. 하지만 우리가 항상 너희를 상대해줄 수 있는 건 아니란다.

오늘만 해도 업체 방문, 상담, 계약까지 할 일이 얼마나 많은데.

죄송해요. 저희가 코딩을 배우면서 앱을 개발하려고 하다가 막히는 부분이 있어서⋯

코딩을 배워?

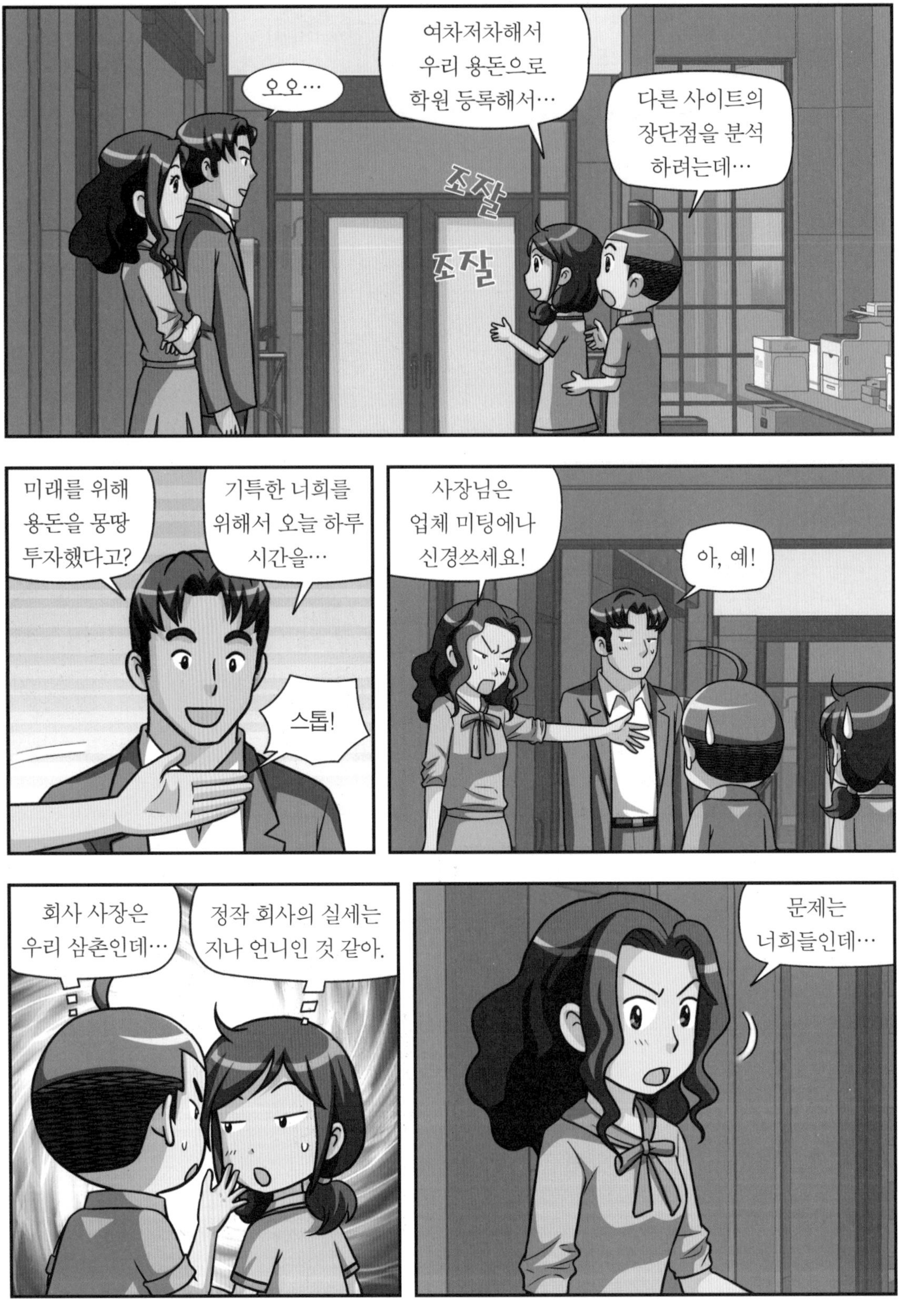
오오…
여차저차해서 우리 용돈으로 학원 등록해서…
다른 사이트의 장단점을 분석 하려는데…
조잘
조잘
미래를 위해 용돈을 몽땅 투자했다고?
기특한 너희를 위해서 오늘 하루 시간을…
스톱!
사장님은 업체 미팅에나 신경쓰세요!
아, 예!
회사 사장은 우리 삼촌인데…
정작 회사의 실세는 지나 언니인 것 같아.
문제는 너희들인데…

좋아. 지난번 사업 상담의 연장으로 알고 도와주지.

휴우

물론 내 몫 만큼 사장님도 열심히 일해 주셔야 하겠지만.

오늘 임무 열심히 하겠습니다!

척

잘나가는 사이트, 동호회, 앱들을 모두 비교 분석하는 것은 시간이 많이 걸리는 일이야. 왜냐하면 빅데이터 영역이거든.

빅데이터란 각종 데이터들이 모여 이루어진 보다 큰 규모의 데이터야.

쉽게 말해 책 한 권이 특정 분야의 데이터라면, 수만 권의 책이 모인 도서관이 빅데이터인 셈이야.

그렇구나. 우리가 목표로 하는 것을 제대로 파악하려면…

우리나라에서 인기있는 사이트란 사이트는 다 조사해야 해.

하지만 빅데이터에서는 늘 새로운 정보가 들어와서 시간을 들여 분석을 해도 어느새 낡은 자료가 돼 버려.

윽!

그래서 특별히 SNS 분석가가 필요한 거야.

SNS 분석가?

빅데이터를 분석해서 필요한 정보를 정리해주는 사람이지.

← SNS 분석가

SNS 분석가는 SNS의 자료를 이용해 가치있는 정보를 찾는 사람입니다. SNS 분석가는 디지털 마케터나 SNS 콘텐츠 큐레이터와 비슷해 보입니다. 그러나 SNS 분석가는 빅데이터를 활용하여 보다 폭넓은 분석을 합니다. 즉 SNS 분석가가 분석하고 정리한 정보를 SNS 콘텐츠 큐레이터나 디지털 마케터에게 제공하는 것입니다. 또한 SNS 분석가는 폭넓은 분석을 통해 기업들과 정부기관들의 마케팅과 브랜딩을 돕습니다.
SNS 분석가는 빅데이터에서 새로운 규칙과 연결 관계를 찾아야 합니다. 그래서 호기심이 많고 독서량이 많으며 폭넓은 지식을 가진 사람에게 적합합니다. 또한 일정 수준 이상의 프로그래밍 능력을 가져야 합니다.

디지털 마케터도 비슷한 일을 하지 않나요?

목적은 비슷하지만 분석결과를 제공하는 대상이 달라.

디지털 마케터는 SNS 분석가가 미리 분석한 것을 바탕으로 해서 고객에게 맞춤형 분석을 해준단다.

앗! 알겠다!

경제 관련 자료? 내가 종류별로 준비했어.

SNS 분석가

의뢰인한테는 이 부분만 집중적으로 알려주면 되겠군.

디지털 마케터

오~ 훌륭한 비유야.

SNS 분석가가 교과서를 만드는 사람이라면, 디지털 마케터나 SNS 콘텐츠 큐레이터는 교과서를 바탕으로 족집게처럼 시험 문제를 찍어주는 학원 강사나 마찬가지네요!

병훈씨, 부탁해요.

아이들 문제를 은근 슬쩍 저한테 떠넘기시는 거죠?

SNS 분석가세요? 멋지다!

머… 멋지다고?

암! 멋지고 말고!
내가 아니면 이 회사가
굴러가지 않는다고!

나보다 사람 다루는
스킬이 뛰어나군.

하하

아 하하

흠. 중고거래가 활발한
인기 사이트의 장단점을
비교 분석해달라고?

그리고 수익을
얻는 방법도요.

쉽지는 않아.
이런 종류의
사이트가
워낙 많거든.

하지만 너희들 수준에 딱 맞는
최소한의 정보를 얻으면 되니까…

부탁드려요!

그렇다면 핵심 키워드부터
알아봐야겠군.

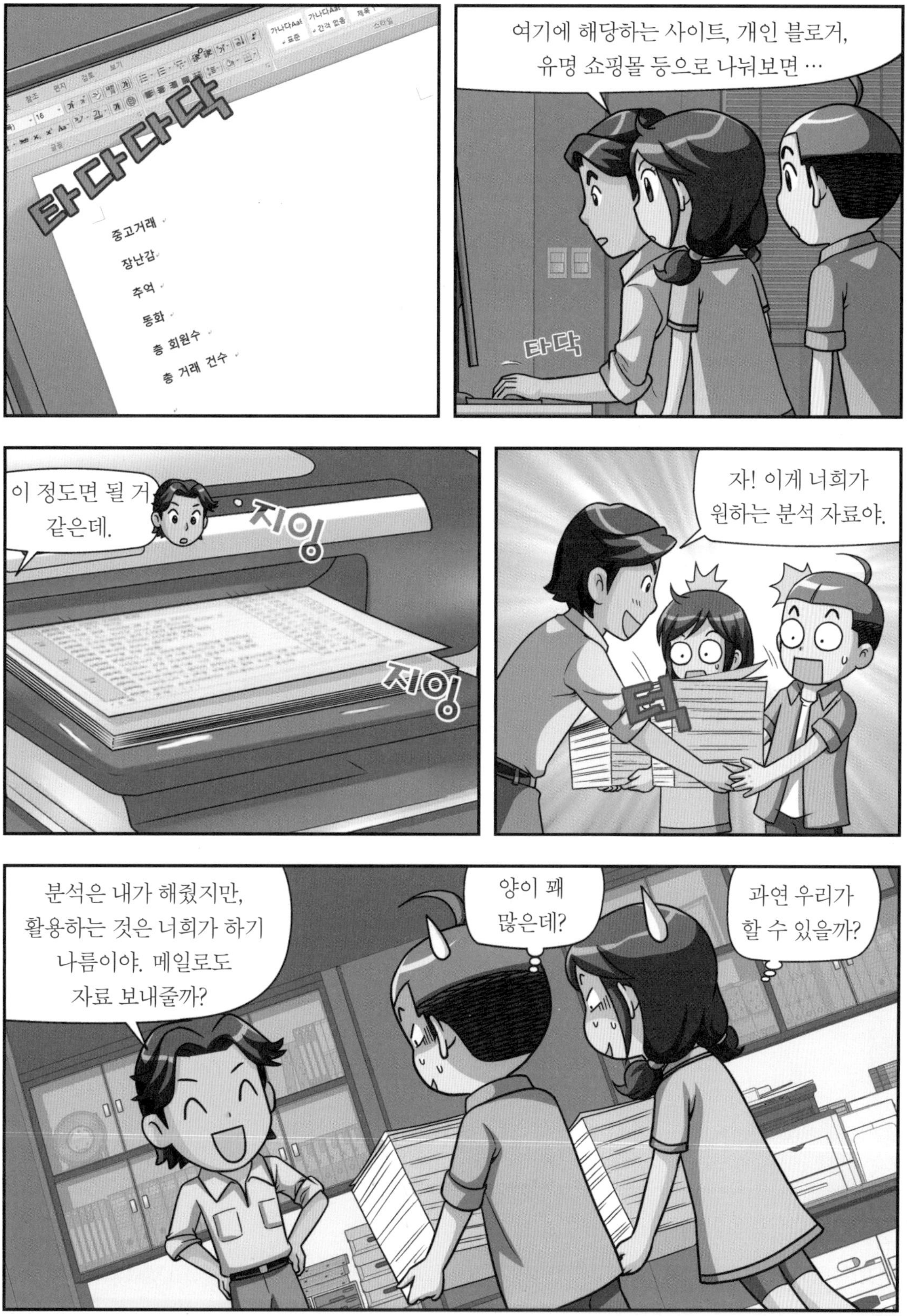
타다다닥
중고거래
장난감
추억
동화
총 회원수
총 거래 건수
여기에 해당하는 사이트, 개인 블로거, 유명 쇼핑몰 등으로 나눠보면 …
타닥
이 정도면 될 거 같은데.
지잉
지잉
자! 이게 너희가 원하는 분석 자료야.
턱
분석은 내가 해줬지만, 활용하는 것은 너희가 하기 나름이야. 메일로도 자료 보내줄까?
양이 꽤 많은데?
과연 우리가 할 수 있을까?

SNS의 장점과 단점

SNS는 오래전 친했지만 연락이 끊긴 친구와도 다시금 소통하게 해주고 먼 해외에 있는 연예인이 무엇을 하는지에 대한 정보도 실시간으로 제공해줘요. 반면 SNS에서는 다른 친구를 몰래 따돌리거나 거짓된 정보를 퍼트리는 등 부작용도 발생해요. SNS의 장점과 단점은 무엇인지 살펴볼까요?

● 장점

① 세계 모든 사람과 관계를 맺고 소통할 수 있어요. 비행기를 타고 가야만 만날 수 있는 외국인 친구와 이메일 계정 하나만으로 연락하고 친구가 될 수 있어요. 각국의 사람들이 SNS에서 모여 하나의 모임을 만들고 관계를 쌓아갈 수 있는 것이에요. 몇몇 SNS 서

비스에는 서로 다른 언어를 사용하더라도 그 즉시 통역해주는 기능도 있어요.
② 정보를 얻는 것이 편리해졌어요. 처음 방문한 지역에 가도 SNS를 통해 다른 사람들이 자주 찾는 맛집을 쉽게 검색하고 알아낼 수 있어요. 스마트폰으로 SNS 서비스를 사용할 수 있기 때문에 언제 어디서나 제약 없이 정보를 습득할 수 있어요.
③ SNS를 이용하면 여론을 형성하는 데도 효과가 있어요. 권력을 가진 세력이 숨기려는 정보를 SNS를 통해 빠르게 확산시켜 진실이 왜곡되지 않도록 해요.

● 단점

① 개인정보가 유출되기 쉬워요. 어느 곳에 갔는지, 무엇을 먹었는지 등 사진을 찍거나 글로 써서 SNS에 게시하면 친구뿐만 아니라 전 세계 사람이 볼 수 있어서 사생활이 쉽게 노출돼요. 낯선 사람이 SNS 게시글을 통해 그 사람에 대해 알아내고 어디를 가는지 유추한 뒤 따라가 스토킹한 사례도 있었어요.

② 왜곡된 정보가 순식간에 확산되기도 해요. SNS는 인터넷 통신망이 빠른 만큼 전 세계로 그 정보가 한 순간에 퍼져 나가요. 그런데 그게 왜곡된 정보라면 허위사실을 그만큼 많은 사람이 보고 믿게 되는 것이지요.

③ 불필요한 광고를 보게 돼요. 수많은 사람이 SNS를 보게 되면서 광고주들이 TV나 전광판 대신 SNS에 광고를 올리기 시작했기 때문이에요. 심지어 광고가 아닌 척 게시글을 꾸며 판매로 이어지게끔 하는 수법도 성행하고 있어요.

반격의 시작

삼촌이 한번 만들어 보라고 나한테 준 거야.

이건 이십 년도 더 된 물건! 게다가 지금은 절판돼서 가격이 비싸!

아닛!

왜? 문제 있어?

부품이 한 개 없잖아. 이러면 제값 못 받아!

하지만 내가 만 원에 살게.

다행이다!

큭큭! 난 십만 원에 팔 거야.

부품 하나 없는 것쯤은 속여서 팔 수 있어.

아, 참. 요즘 민호랑 소희는 뭐해? 잘 안 보이던데.

학교 수업 끝나자마자 바로 가더라. 뭐 배우러 학원에 다닌대.

학원? 무슨 학원?

나도 몰라. 하여튼 엄청나게 바쁜지 요즘에는 동호회 가입하라고 하지도 않더라.

큭큭

?

나와는 도저히 상대가 안 되는 걸 깨닫고 결국 포기했군.

한 달 후

그게 뭐냐?

영차

영차

응! 회사에 보여줄 발표 자료!

탁

뭐?

발표? 무슨 발표?

뭐긴 뭐야. 우리 사업에 대한 평가 보고서 발표지.

우리가 마케팅 관련해서 삼촌 회사의 도움을 많이 받았잖아.

그래서 우리가 얼마나 발전했는지 보여주는 게 도리라고 생각했어요.

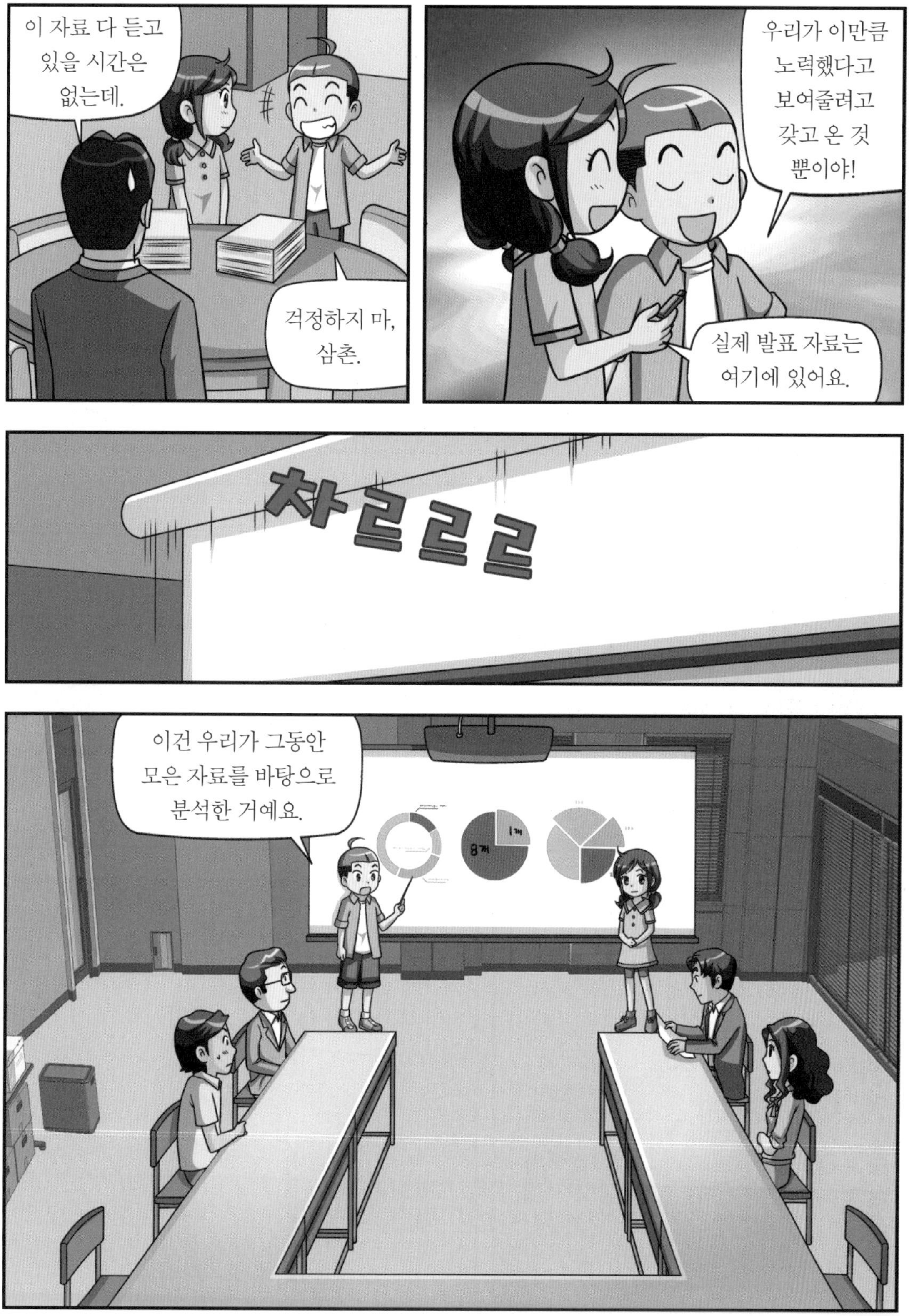
이 자료 다 듣고 있을 시간은 없는데.
걱정하지 마, 삼촌.
우리가 이만큼 노력했다고 보여줄려고 갖고 온 것 뿐이야!
실제 발표 자료는 여기에 있어요.
차르르르
이건 우리가 그동안 모은 자료를 바탕으로 분석한 거예요.
1개
8개

우리의 가장 큰 경쟁자인 일명 돈보이에 비해 우리는 모든 것이 부족해요.

예를 들면 회원 규모, 물품 수, 지명도, 자금력, 앱 관련 문제 등 모든 면에서요.

8개

1개

그렇지 않은 거 같은데? 이 그래프도 보기 좋게 잘 정리했네. 너희가 한 거야?

네.

사실은 전문가의 도움을 좀 받았어요.

전문가?

바로 인포그래픽 디자이너!

응? 우리 회사에 인포그래픽 디자이너는 없는데?

삼촌. 우리가 꼭 삼촌 회사 분들께만 도움을 받는다고는 생각하지 말아줘.

우리도 나름대로 발이 넓다고요.

← **인포그래픽 디자이너**

마케팅이나 발표를 위해서는 각종 수치의 자료가 필요합니다. 이런 자료를 보기 편한 표나 그래프로 제작하는 사람이 인포그래픽 디자이너입니다. 인포그래픽 디자이너는 의뢰인과 협의해서 그래픽에 대한 색상, 디자인, 글꼴과 크기를 결정해서 시각적인 효과를 극대화합니다.

인포그래픽 디자이너는 예술 감각이 뛰어나고 창의적인 사람에게 유리합니다. 또한 숫자와 수치를 잘 파악하고 컴퓨터 관련 프로그램을 다루는 데 매우 능숙해야 합니다.

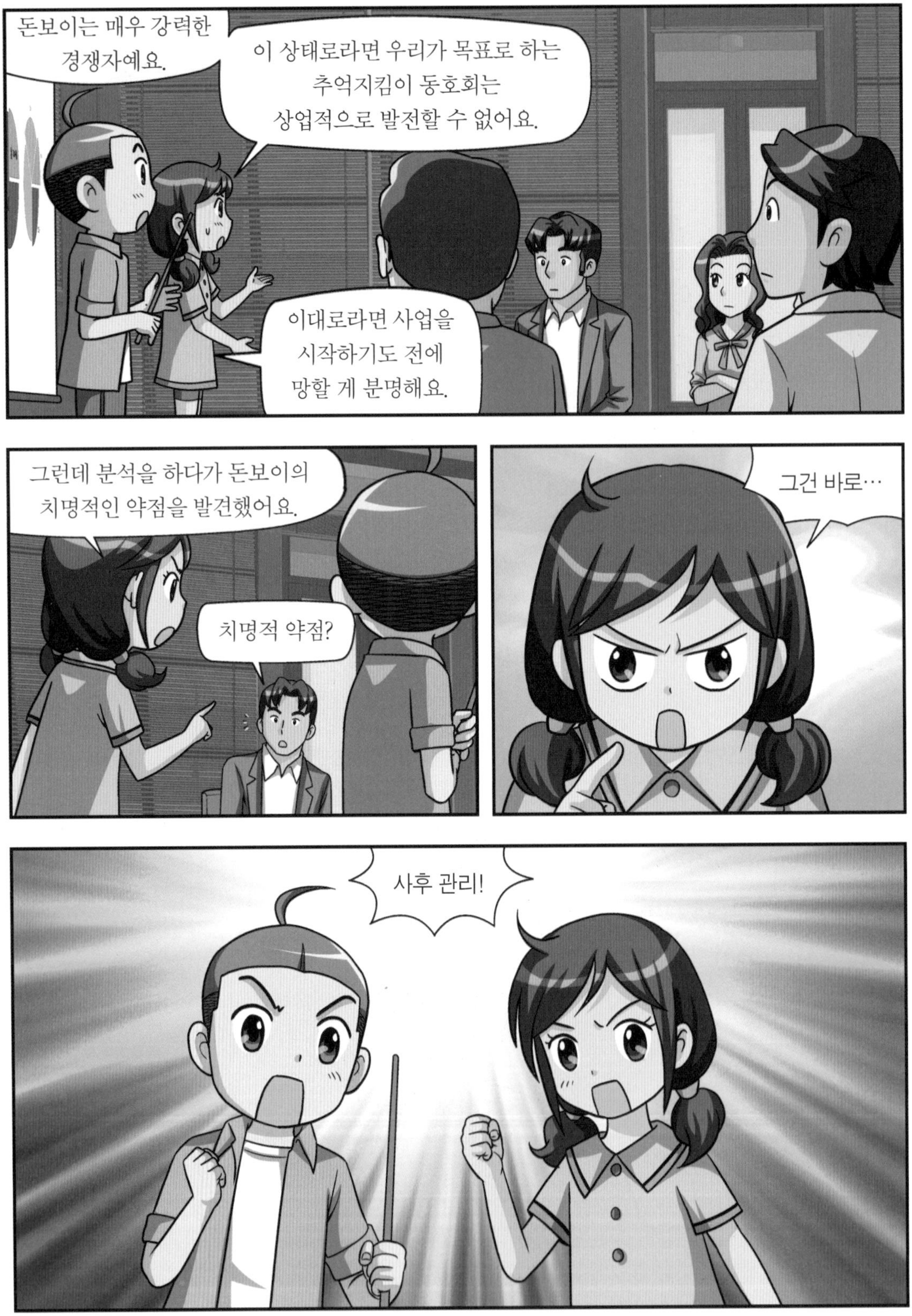
돈보이는 매우 강력한 경쟁자예요.
이 상태로라면 우리가 목표로 하는 추억지킴이 동호회는 상업적으로 발전할 수 없어요.
이대로라면 사업을 시작하기도 전에 망할 게 분명해요.
그런데 분석을 하다가 돈보이의 치명적인 약점을 발견했어요.
치명적 약점?
그건 바로…
사후 관리!

사후 관리라고? 물건을 거래한 후의 일을 말하는 거니?

네.

추억의 물건은 워낙 오래된 것이고 중고라서 상태가 썩 좋지 않아요. 물론 사는 사람들은 그런 걸 감안하고 구입을 하지만요.

그런데 돈보이의 동호회에 올라온 사진들은 실제 상태와 다른 경우가 많았어요. 고장 나거나 훼손된 부분을 사실대로 표시하지도 않았어요.

한국 전래동화

막상 물건을 받아보고 추억에 잠기기보다 오히려 속상해 하는 경우도 있었어요.

우리가 조사한 유명 중고거래 사이트의 경우, 물건 23개 거래에 1개 꼴로 불만이 접수돼요.

1개

8개

그런데 돈보이의 경우는 8개 거래에 1개 꼴로 불만 답글이 달려요.

하지만 돈보이가 운영하는 사이트에 워낙 희귀한 물건이 많이 올라오거든요.

그래서 이용자 수가 크게 줄지 않아요.

불만도 많고 속이 상하지만 어쩔 수 없이 이용한다는 느낌?

그럼 너희는 돈보이와 달리 상품에 대한 품질을 보장하겠다는 뜻이니?

네. 가격이 조금 내려가더라도 흠이 있으면 정직하게 미리 알릴 거예요. 그리고 고장난 부분은 고쳐주기도 하고요.

사후 관리야 말로 회사의 가치를 올리는 중요 요소 중 하나잖아요!

← SNS 컨설턴트

컨설턴트는 본래 회사의 의뢰를 받아서 특정 문제나 분야에 대해 조언을 해주는 전문가를 말합니다. 따라서 SNS 컨설턴트란 SNS를 통해 고객과 교류하고 고객의 의견을 회사에 전해서, 회사가 전략을 세우고 알맞은 마케팅 방향을 잡을 수 있도록 도와주는 직업입니다. SNS 컨설턴트는 작게는 회사가 활용할 수 있는 데이터를 제공하고, 크게는 기업의 이미지나 브랜드를 관리하는 일을 합니다.
SNS 컨설턴트는 실시간으로 고객 반응에 대응하여 고객의 의중을 바로 파악해야 합니다. 따라서 유행에 민감하고, 경제 관련 상식이 많으며, 판단력이 빠른 사람에게 유리합니다.

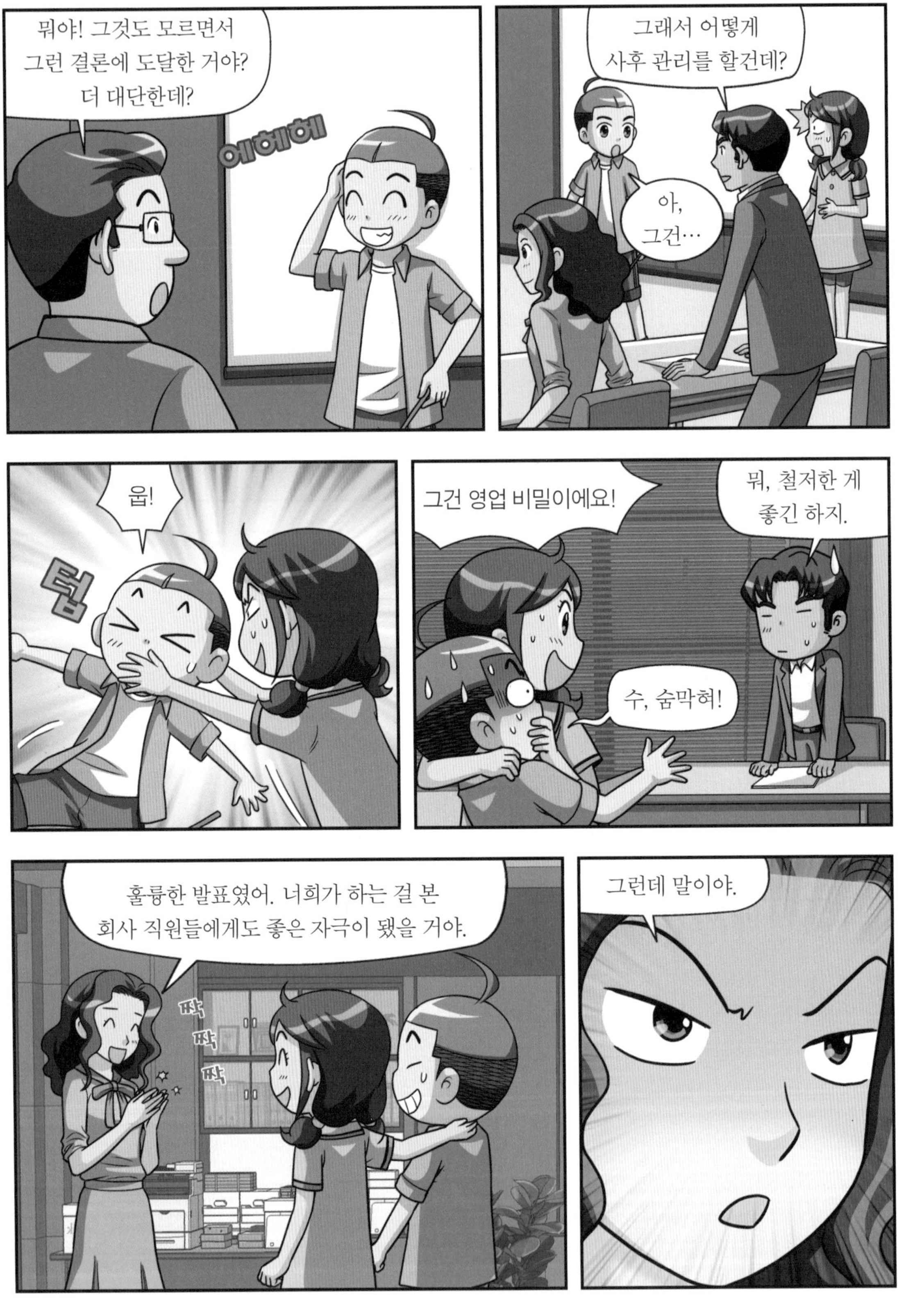
뭐야! 그것도 모르면서
그런 결론에 도달한 거야?
더 대단한데?
에헤헤
그래서 어떻게
사후 관리를 할건데?
아,
그건…
읍!
텁
그건 영업 비밀이에요!
뭐, 철저한 게
좋긴 하지.
수, 숨막혀!
훌륭한 발표였어. 너희가 하는 걸 본
회사 직원들에게도 좋은 자극이 됐을 거야.
짝
짝
짝
그런데 말이야.

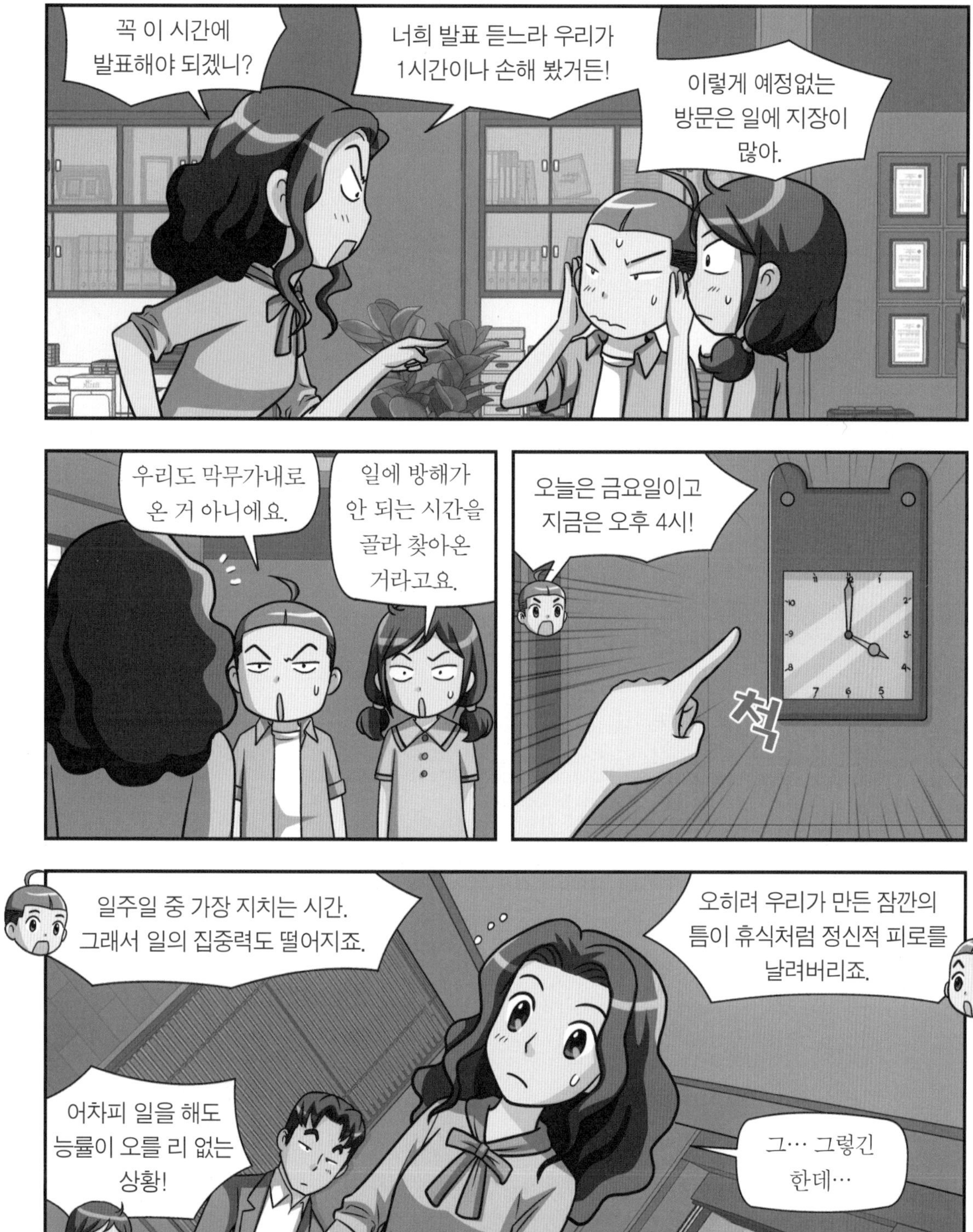

꼭 이 시간에 발표해야 되겠니?
너희 발표 듣느라 우리가 1시간이나 손해 봤거든!
이렇게 예정없는 방문은 일에 지장이 많아.
우리도 막무가내로 온 거 아니에요.
일에 방해가 안 되는 시간을 골라 찾아온 거라고요.
오늘은 금요일이고 지금은 오후 4시!
척
일주일 중 가장 지치는 시간. 그래서 일의 집중력도 떨어지죠.
오히려 우리가 만든 잠깐의 틈이 휴식처럼 정신적 피로를 날려버리죠.
어차피 일을 해도 능률이 오를 리 없는 상황!
그… 그렇긴 한데…

그래도 사장님은 다르다고. 할 일이 얼마나 많은데.

맞아.

후후. 우리가 요 몇 주일간 삼촌의 행동반경을 철저하게 조사했거든요.

그 결과 금요일만큼은 일을 빨리 끝낸다는 것을 알아냈어요.

삼촌과 지나 누나는 금요일 저녁마다 함께 이동하지. 그런데 묘하게 알콩달콩해.

회사 업무라기보다는 데이트…

헙!

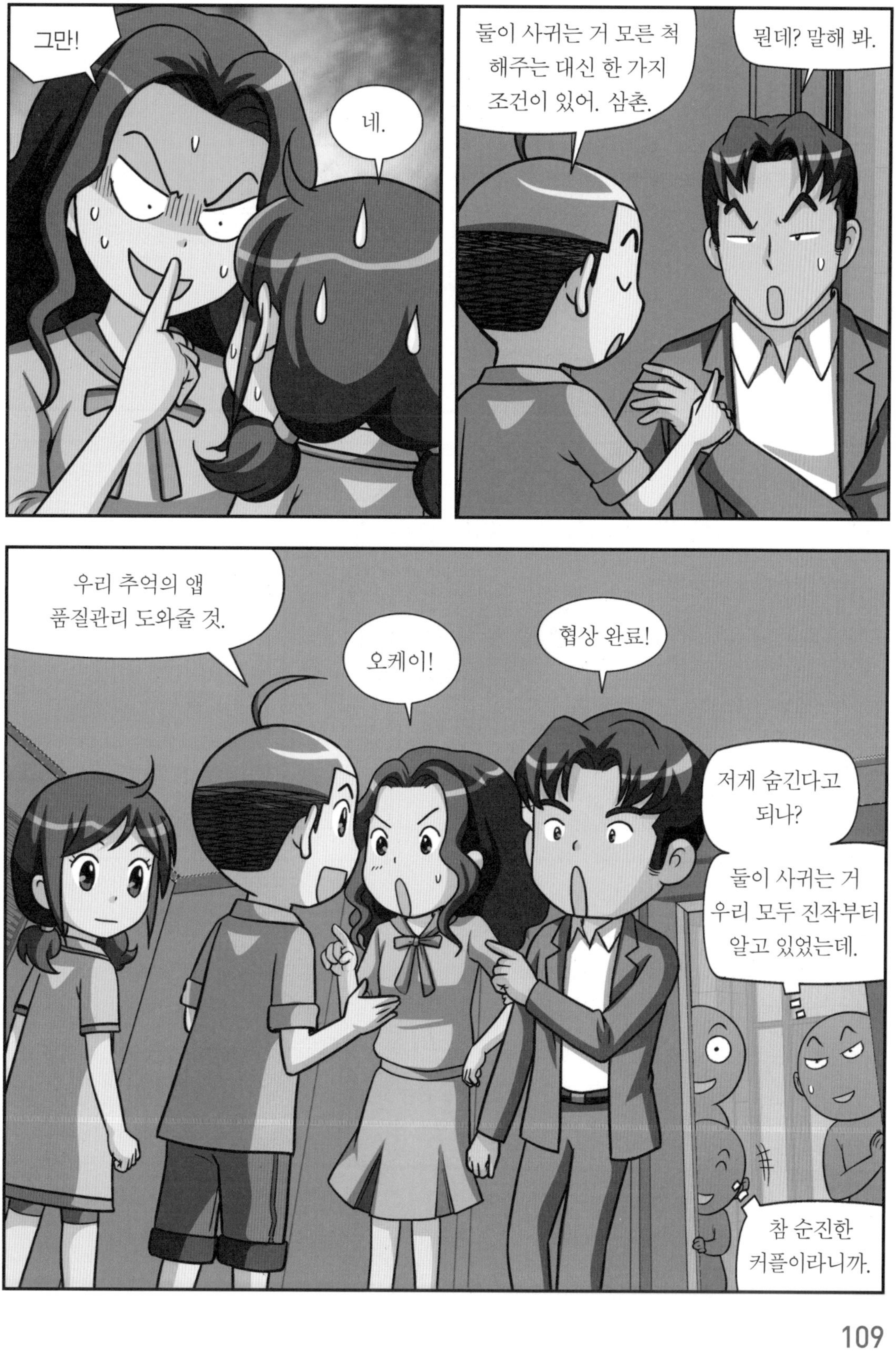
그만!
네.
둘이 사귀는 거 모른 척 해주는 대신 한 가지 조건이 있어. 삼촌.
뭔데? 말해 봐.
우리 추억의 앱 품질관리 도와줄 것.
오케이!
협상 완료!
저게 숨긴다고 되나?
둘이 사귀는 거 우리 모두 진작부터 알고 있었는데.
참 순진한 커플이라니까.

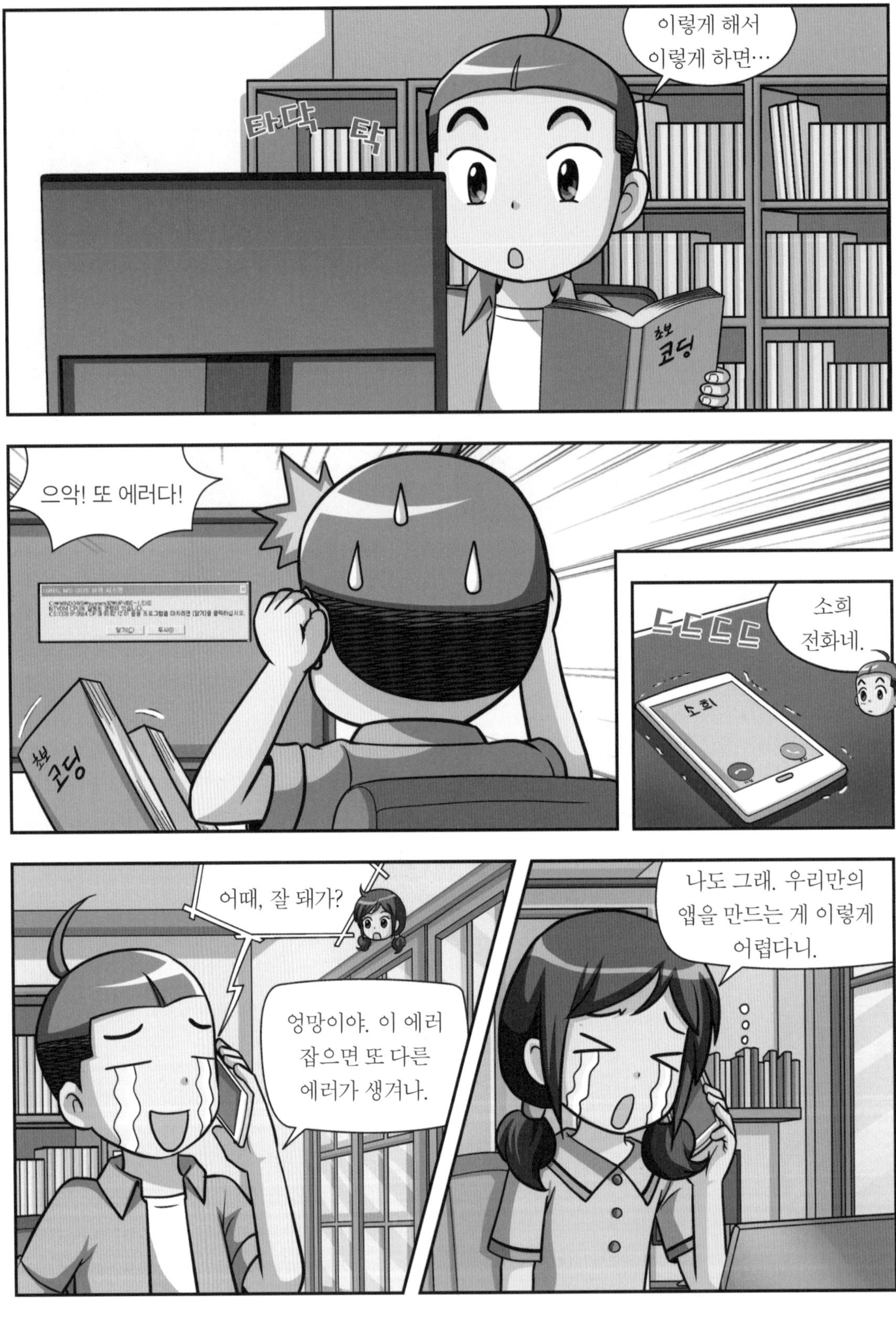
타닥
탁
이렇게 해서 이렇게 하면…
초보 코딩
으악! 또 에러다!
초보 코딩
드드드드
소희 전화네.
소희
어때, 잘 돼가?
엉망이야. 이 에러 잡으면 또 다른 에러가 생겨나.
나도 그래. 우리만의 앱을 만드는 게 이렇게 어렵다니.

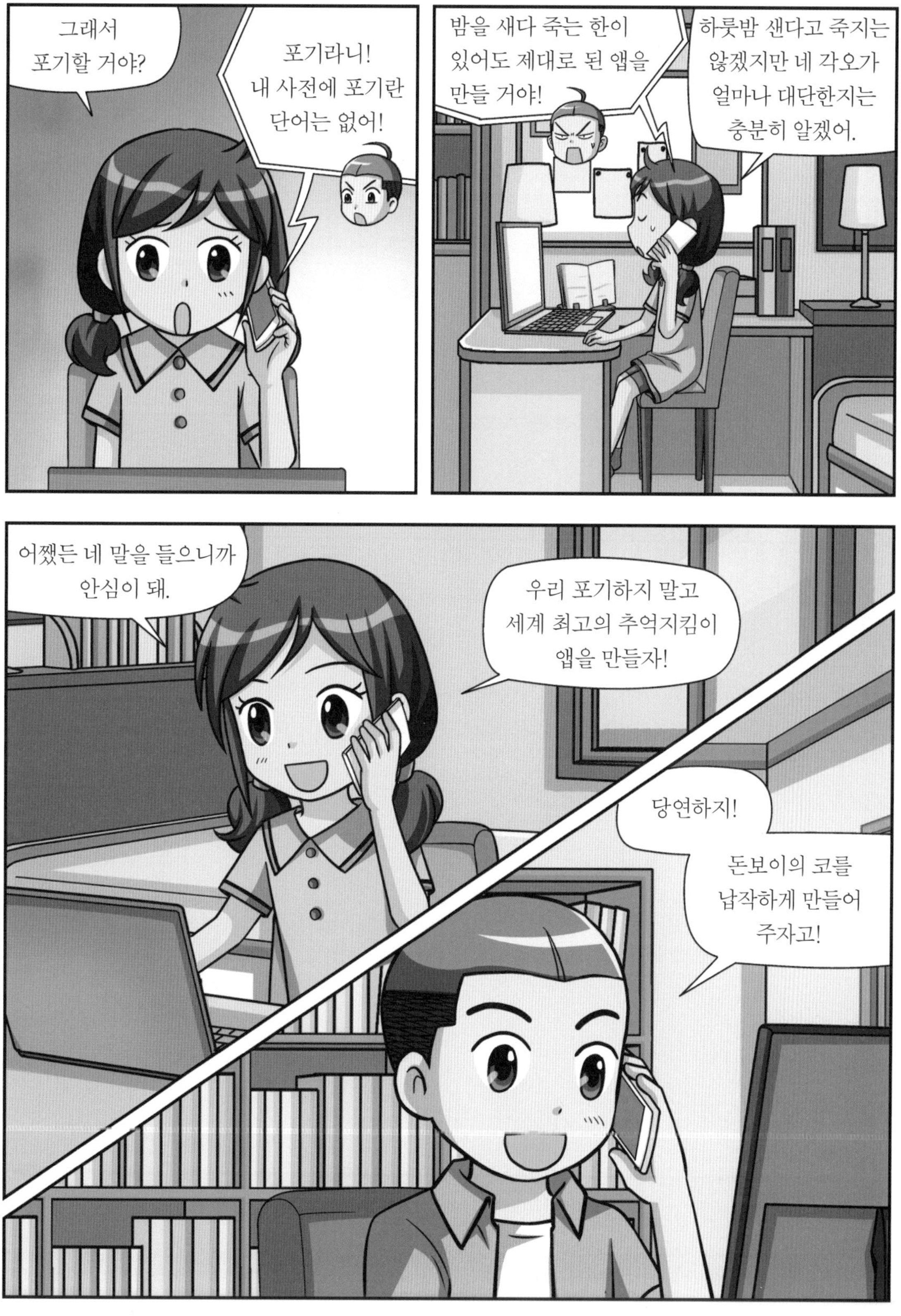

그래서
포기할 거야?
포기라니!
내 사전에 포기란
단어는 없어!
밤을 새다 죽는 한이
있어도 제대로 된 앱을
만들 거야!
하룻밤 샌다고 죽지는
않겠지만 네 각오가
얼마나 대단한지는
충분히 알겠어.
어쨌든 네 말을 들으니까
안심이 돼.
우리 포기하지 말고
세계 최고의 추억지킴이
앱을 만들자!
당연하지!
돈보이의 코를
납작하게 만들어
주자고!

대표적인 SNS

SNS는 세계적으로 확산되어 한 국가에서만이 아니라 전 세계 인구가 사용하고 있는데요. 대표적인 SNS는 어떤 것이 있는지 알아볼까요?

● 페이스북

세계적으로 많은 사람이 사용하는 대표적인 SNS예요. 2004년 하버드대학교 학생인 마크 저커버그가 학교 기숙사에서 사이트를 개설하며 창업했어요. 처음에는 하버드대학교 학생만 이용할 수 있도록 제한했지만 몇 달 만에 미  국의 다른 학교 학생들도 가입하며 확장되었고 오늘날 전 세계에서 사용하는 SNS가 되었어요. 페이스북은 미국 나이를 기준으로 13세 이상이면 누구나 가입할 수 있어요. 친구 맺기를 통해 많은 사람과 웹상에서 만나 각종 관심사와 정보를 교환하고 다양한 자료를 공유할 수 있어요. 페이스북은 '세계 모든 사람을 연결시키겠다'라는 목표 하에 운영되고 있어요.

● 인스타그램

2010년 출시되어 사진이나 동영상을 공유할 수 있는 소셜미디어 플랫폼이에요. 인스타그램(Instagram)은 인스턴트(instant)와 텔레그램(telegram)이 더해진 합성어예요. '세상  의 순간들을 포착하고 공유한다'는 슬로건을 가지고 있어요. 미국의 스탠포드대학교 학생이던 케빈 시스트롬과 마이크 크리거가 함께 만들었어요. 출시된지 하루 만에 이용자 2만5천 명이 가입했으며 한 달 만에 백만 명, 1년 뒤엔 천만 명으로 가입자 수가 늘었어요.

● 트위터

가입한 회원들 간 알파벳 140자 미만의 짧은 문장을 주고
받는 서비스를 제공해요. 사용자의 트위터 주소는 '@아이
디'로 표기되며 관심 있는 상대를 '팔로어'로 등록하여 해당
팔로어가 올리는 각종 정보를 실시간으로 받아볼 수 있어
요. 또한 '리트윗'이란 공유 기능이 있어서 글이 확산되는 속도가 빨라요. 원하
지 않는 정보를 볼 확률은 거의 없어요. 그리고 짧은 글만 올릴 수 있기 때문에
제한적이지만, 누구나 자기의 의견을 표출할 수 있다는 장점이 있어요.
우리나라에서는 연예인이나 음악, 만화 등 문화콘텐츠 산업에서 주로 활용해
요. 연예인을 좋아하는 팬들끼리 모여 정보를 나누는 데 주로 쓰이고 있어요.

날마다 성장

한 달 전

뭐? 민호와 소희가 앱을 개발했다고?

쿠궁

응. 코딩 학원에 다니면서 앱 개발하는 것을 배웠대.

쳇! 그동안 잠잠했던 게 이것 때문이었군.

어디. 앱 이름이 〈추억지킴이〉라고? 이름이 완전 촌스럽네.

디자인은 뭐 그저 그렇군.
너무 단순하고 특징도 없어.

어디,
회원수는…

에게! 고작 63명!

24명
접속자수

63명
총회원수

초대하기

회원수가 1,000명이 넘는
나하고는 비교가 안 되지.

너를 넘겠다며
의욕이
넘치더라고.

푸하하하!
말이 되는 소리를
해야지.

내가 대형마트라면,
얘네는 고작 동네
구멍가게 수준이야.

틀린 말은 아니지만
어째 기분 안 좋네.
저렇게 무시해도
되는 거야?

2주 전

이상하군. 요즘 사이트 거래가 뜸한데.

회원수 변동은 별로 없어. 그런데도 거래가 뜸하다는 것은…

요즘 경기가 안 좋아서 그래! 뭐 사업을 하다보면 이런 때도 있는 거지.

위기는 곧 기회! 이 틈에 중고물품을 더 많이 구입해볼까?

그리고 현재

야! 그거 나한테 팔려고 가져온 거야?

상자 상태가 안 좋은 걸 보니 비싸게는 못 주겠는데. 한 오천 원 하려나?

너한테 팔려고 가지고 온 거 아냐!

뭐?

샥

지금 직거래하러 가는 중이거든. 넌 빠져 줄래?

직거래라고?

살금

그런데 부품이 한 개 없어요.

응. 알고 있어. 동호회에서 정직하게 미리 알려 줬잖아.

동호회? 어떤 동호회를 말하는 거지?

?

117

이건 내가 정말 갖고 싶었던 거야.

없는 부품 1개는 비슷한 걸로 대체하면 돼.

여기 2만 원! 고마워.

형도 좋은 모형 만드세요!

잠깐! 도대체 뭘 믿고 모르는 사람과 함부로 거래하는 거야?

아직도 있었냐?

그야 추억앱을 믿고 하는 거지.

추억앱?

민호와 소희가 만든 '추억지킴이'를 줄여서 그렇게 불러

추억앱은 온라인 동호회 활동을 참고해서 거래자의 신용도를 알려주거든.

뭐?

그래서 안심하고 물건을 사고 팔 수 있어.

회원들이 물건의 시세를 알려주기 때문에 가격도 너랑 거래할 때보다 많이 받을 수 있다고.

앞으로 너랑 거래하거나 너희 사이트를 방문하는 일은 없을 거야.

뭐라고?

쳇! 추억앱이라고? 그때 깔아놓고 신경도 안 쓰고 있었는데…

헉!

129명
접속자수

678명
총회원수

초대하기

언제 이렇게
회원이 늘었지?

게다가 상품 거래 건수가
나보다 두 배나 더 많잖아!

회원수가 나보다 적은데
거래 건수는 더 많다고?

이건 무슨 꼼수가
있는 게 분명해!

화르르르~

다음날

벌컥

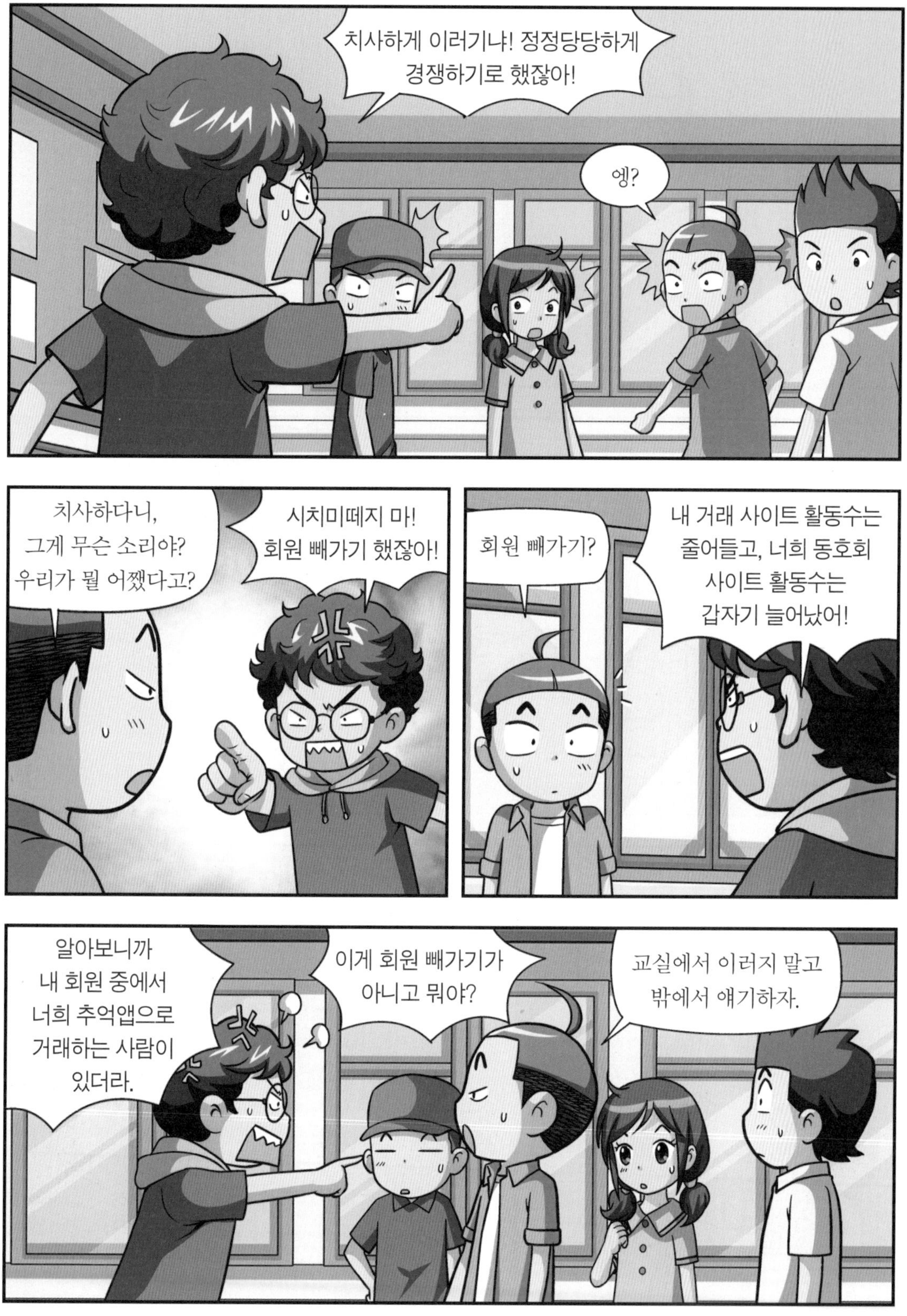
치사하게 이러기냐! 정정당당하게 경쟁하기로 했잖아!
엥?
치사하다니, 그게 무슨 소리야? 우리가 뭘 어쨌다고?
시치미떼지 마! 회원 빼가기 했잖아!
회원 빼가기?
내 거래 사이트 활동수는 줄어들고, 너희 동호회 사이트 활동수는 갑자기 늘어났어!
알아보니까 내 회원 중에서 너희 추억앱으로 거래하는 사람이 있더라.
이게 회원 빼가기가 아니고 뭐야?
교실에서 이러지 말고 밖에서 얘기하자.

이제 괜찮아?

아, 고마워. 덕분에 흥분이 가라앉았…

아니, 이게 아니지! 난 따지러 온 거라고!

왝

따지러 온 건 좋은데, 원인을 잘못 짚었어.

뭐?

우린 회원을 빼간 적 없어. 회원들 스스로 우리가 만든 추억앱을 설치하고 열심히 활동하는 것뿐이야.

말도 안 돼.

한 달도 안 된 사이에 너희 회원은 열 배 넘게 늘고, 거래량도 나보다 많아졌어.

분명 치사한 꼼수를 부린 게 틀림없어!

으음. 꼼수라.

치사한 건 아니지만 그것도 꼼수라면 꼼수일지도 모르겠네.

응. 약자가 강자를 상대하는 방법이긴 했지.

내 그럴 줄 알았다! 도대체 어떤 속임수를 쓴 거냐!

우리가 널 따라잡은 꼼수가 뭐냐면 말이지…

흐흐. 빨리 밝혀! 내가 그대로 이용해서 되돌려줄 테니까!

123

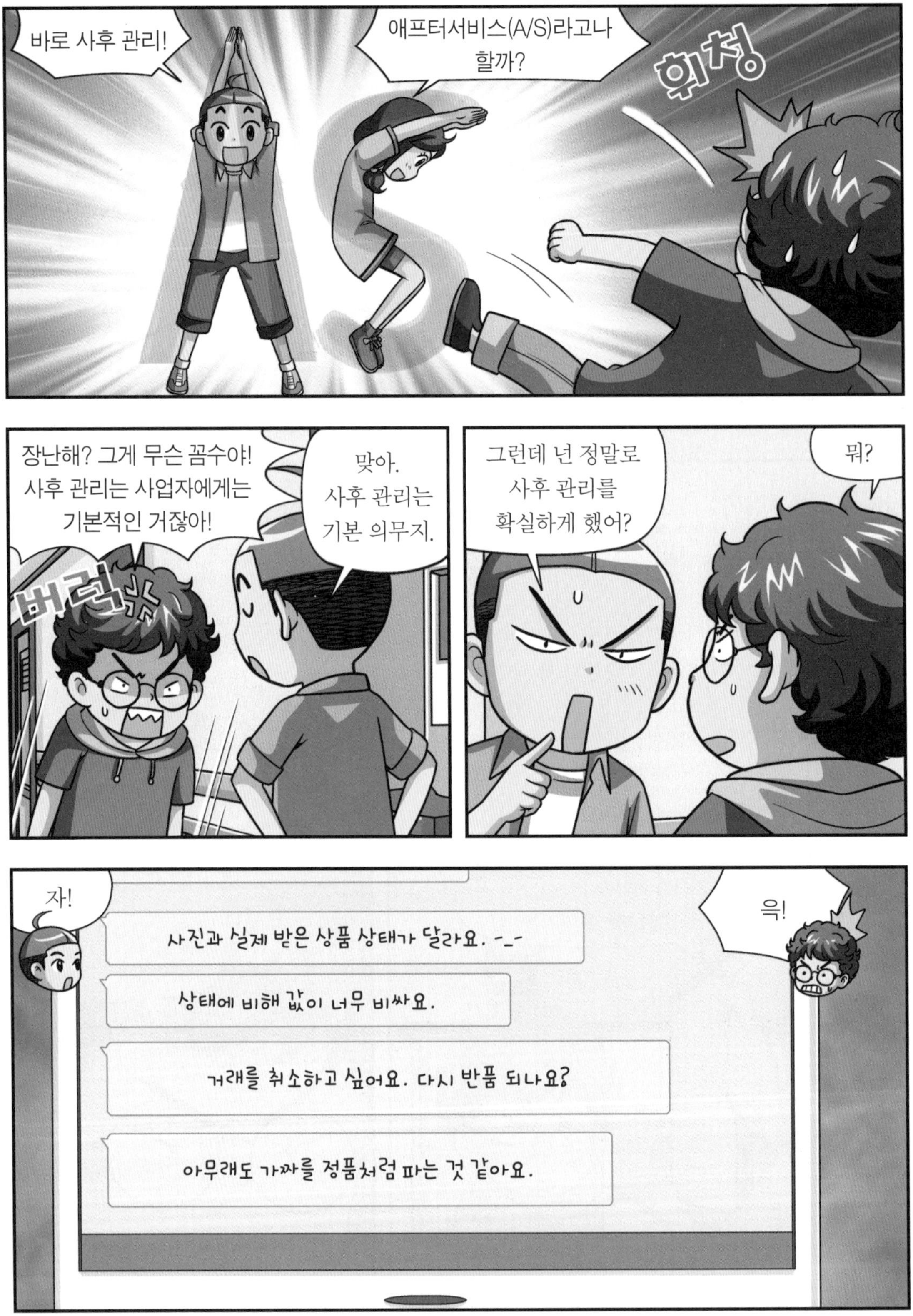
바로 사후 관리!
애프터서비스(A/S)라고나 할까?
휘청
장난해? 그게 무슨 꼼수야! 사후 관리는 사업자에게는 기본적인 거잖아!
버럭
맞아. 사후 관리는 기본 의무지.
그런데 넌 정말로 사후 관리를 확실하게 했어?
뭐?
자!
사진과 실제 받은 상품 상태가 달라요. -_-
상태에 비해 값이 너무 비싸요.
거래를 취소하고 싶어요. 다시 반품 되나요?
아무래도 가짜를 정품처럼 파는 것 같아요.
윽!

네가 운영하는 사이트에 불만사항이 많더라.

그게… 거래 물품이 너무 많아서 나도 다 확인 못하거든.

기껏 비싼 돈을 주고 어렵게 구한 물건이 엉망이면 사는 사람 입장은 어떻겠어?

그나마 구한 게 어디인데. 거래 장소 만들어 준 것만도 고맙게 생각해야지.

바로 그게 문제야. 너는 일단 팔고나면 그 이후엔 나 몰라라 하잖아!

우린 우리가 취급하는 물건들뿐만 아니라, 우리 앱을 사용해서 직거래 하는 사람들의 불만사항도 철저하게 응대했어.

그, 그런 걸 너희끼리 어떻게 해? 어른들도 상대해야 한다고.

오, 제법 예리한데?

역시. 괜히 돈보이라고 불리는 게 아니야.

125

그래서 소셜커머스
품질관리자를 고용했지!

그게 뭔데?

전자상거래에서 품질을 보증해주고
사후 관리까지 해주는 사람이지.

← 소셜커머스 품질관리자

소셜커머스란 SNS를 통해 전자상거래를 하는 것을 말합니다. 따라서 소셜커머스 품질관리자는 SNS 상에서 상품이 거래 되기 전에 상품의 가치, 적법성, 정품 등을 꼼꼼하게 따져 상품의 신뢰를 보장해 주는 직업입니다. 소셜커머스 품질관리자는 판매자가 고객을 무시하는 경우에 대하여 주의나 경고를 주기도 합니다.

소셜커머스 품질관리자가 되려면 전자상거래에 관한 법률적 지식이 있어야 합니다. 소셜커머스 품질 관리자는 꼼꼼하고 분석적인 성격을 가진 사람에게 알맞습니다.

우리 사이트의 소셜커머스 관리자는 우리가 취급하는 상품의 가치와
상태를 알려줘. 상품에 문제가 있을 경우 가격을 재조정하지.

회원들끼리 직거래할 때도
우리가 조사해서 신용도에 대한
점수를 줘. 신용도가
나쁜 회원에게는 경고도 하지.

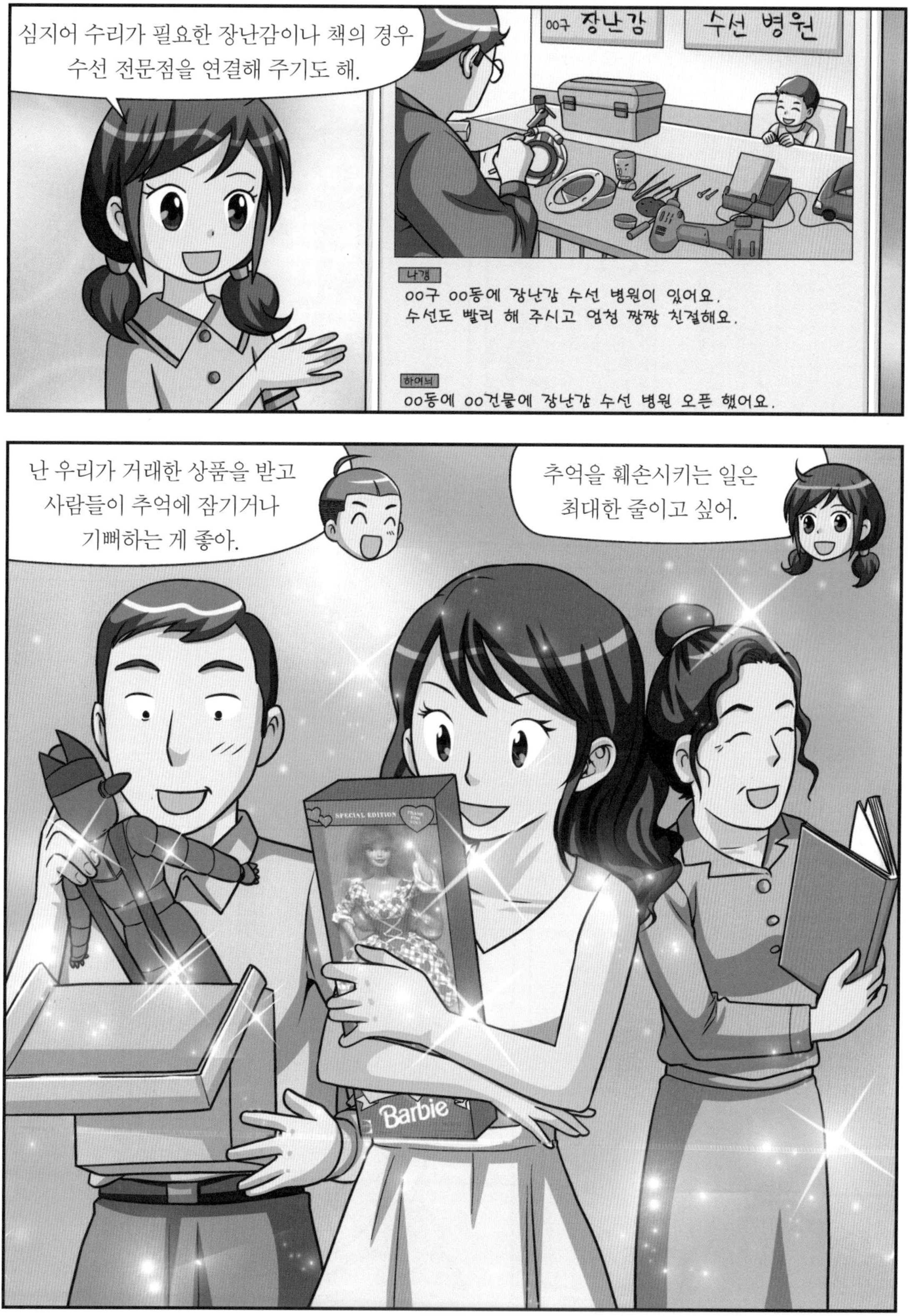
심지어 수리가 필요한 장난감이나 책의 경우 수선 전문점을 연결해 주기도 해.
00구 장난감
수선 병원
00구 00동에 장난감 수선 병원이 있어요.
수선도 빨리 해 주시고 엄청 짱짱 친절해요.
00동에 00건물에 장난감 수선 병원 오픈 했어요.
난 우리가 거래한 상품을 받고 사람들이 추억에 잠기거나 기뻐하는 게 좋아.
추억을 훼손시키는 일은 최대한 줄이고 싶어.
SPECIAL EDITION
Barbie

가끔은 우리가 손해를 볼 때도 있어. 인건비나 수리비 등 사후 관리 비용이 더 들 때도 있거든.

하지만 우리가 손해 본 만큼 기뻐하고 만족하는 사람이 느니까 억울하지는 않아.

돈을 벌기 위해 사업을 하는 건 맞아. 하지만 양심을 지키고 여러 사람을 이롭게 하는 것도 중요하다고 생각해.

소비자는 조금 부족해도 고객에게 최선의 서비스를 제공하는 쪽으로 마음이 기울어.

내가 졌다.

어?

지금껏 돈 버는 것만 생각하느라 가장 중요한 사업가의 마음을 잊고 있었어.

나도 처음부터 이렇게 돈만 밝히는 아이는 아니었어.

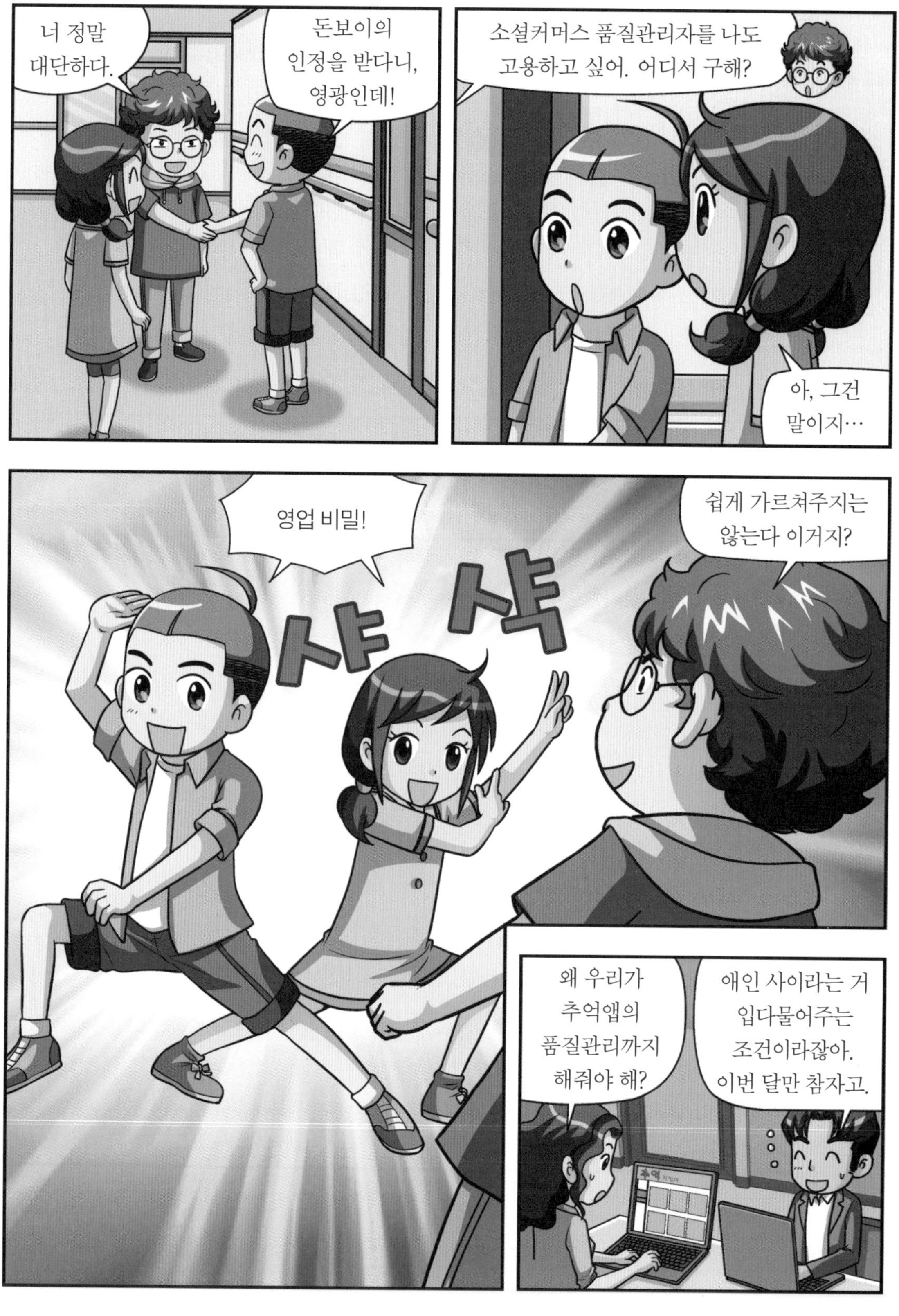
너 정말 대단하다.
돈보이의 인정을 받다니, 영광인데!
소셜커머스 품질관리자를 나도 고용하고 싶어. 어디서 구해?
아, 그건 말이지…
영업 비밀!
샤 샥
쉽게 가르쳐주지는 않는다 이거지?
왜 우리가 추억앱의 품질관리까지 해줘야 해?
애인 사이라는 거 입다물어주는 조건이라잖아. 이번 달만 참자고.

SNS 증후군

SNS에는 수많은 정보와 콘텐츠가 있어요. SNS 종류도 다양해서 SNS를 활용할 때마다 끝없는 정보들을 마주하게 된답니다. 과학기술정보통신부의 스마트폰 과의존 실태조사에 따르면 2019년 과의존위험군에 속하는 사람은 20%로 나타났다고 해요. SNS를 사용하는 사람이 많아지면서 이와 관련된 다양한 증후군이 생겨나고 있어요. SNS와 관련된 증후군은 어떤 것이 있는지 알아볼까요?

● SNS 피로증후군

페이스북, 트위터, 인스타그램 등 다양한 SNS를 사용하면서 과다한 정보를 접하게 됨에 따라 피로감을 느끼는 증후군이에요. 또한 SNS를 통해 개인의 사생활을 공유하게 되면서 다른 사람과 함께하지 않는 순간에도 같이 있다는 느낌을 받게 돼요. 스스로 남한테 어떻게 보일지를 더 생각하게 되면서 이에 대한 피로감을 느끼는 것이에요. 이런 상황 때문에 SNS는 더 이상 즐거움을 주는 공간이 아닌 부담과 스트레스를 안겨주는 공간이 되고 있어요. 이 때문에 SNS 계정을 삭제하고 탈퇴하는 이른바 'SNS 탈출'을 시도하는 사람이 늘고 있어요.

● SNS 우울증

SNS 우울증은 다른 사람의 SNS를 보면서 그들의 화려하고 행복한 일상과 자기 자신을 비교해 스스로 불행하다고 느끼는 것이에요. 이로 인해 허탈감, 자존감 결여, 우울증 증상을 겪게 돼요. 이러한 증상은 상대적 박탈감을 통해서 온답니다. 사람들이 행복한 순간만을 담아 글과 사진을 올린다는 사실을 명심하고, 남과 비교하지 않는 마음을 가져야 해요.

● 사이버 리플리 증후군

사이버상에서 다른 사람의 인생을 자신의 인생이라고 착각하는 증후군이에요. 리플리 증후군은 자기가 꿈꾸는 허구의 세계를 진실이라고 믿으며 이에 따라 거짓된 말과 행동을 하는 반사회적 인격 장애를 의미하는데요. 사이버 리플리 증후군도 이와 유사해요. 스스로의 상황에 만족하지 못하고 열등감과 피해의식에 시달리며, 자기가 욕망하는 이상을 SNS를 통해 거짓으로 꾸미고 그것이 진짜라고 믿어버려요. 다른 사람의 사진을 자신의 것처럼 사용하고 마치 그 사람인 것처럼 행세하기도 해요. 심하면 절도, 사기, 살인 등 큰 범죄로도 이어질 수 있어요.

● 고립공포감(포모증후군)

고립공포감은 소셜 미디어 이용자들이 다른 사람과 네트워킹을 하지 못하는 경우 심리적으로 불안해하는 증상이에요. 포모(FOMO)는 '매진 임박', '한정 수량' 등 제품의 공급량을 줄여 소비자를 조급하게 만드는 마케팅 기법으로 포모증후군은 SNS를 하지 못하게 될까봐, 단절에 대한 불안에서 비롯되는 이상 증상을 말해요. SNS에 과도하게 집착하고 의존하는 상태지요. 지인이나 동료, 자신이 속한 집단으로부터 배제되거나 소외되어서 사회적 관계가 박탈당할지 모른다는 불안감에서 발생해요. 사람과 관계를 넓혀주는 용도로 활용됐던 SNS는 그 사용 빈도가 폭증하면서 오히려 SNS를 통해 관계에서 배제될 수 있다는 가능성이 생기고 그것이 불안 증세로 나타나게 된 것이에요. SNS를 통해 다른 사람을 따돌리는 사례도 나타나면서 고립공포감을 더 자극하고 있어요.

꼬마 사장들의 행진

추억이 필요하세요?
추억지킴이로 놀러오세요

어이, 민호 사장!
어이! 돈보이 사장!
어휴. 언제 저렇게 친해졌는지.

사장은 무슨. 너희 아직 정식 회사 만든 것도 아니잖아.

장래에 이렇게 될 거니까 미리 연습하는 거지.
암! 우리의 꿈이자 희망이지!

너 요즘 평이 많이 좋아졌더라. 고객대응 확실히 한다며?

너희를 보고 깨달은 게 많아.

처음엔 손해 같았는데, 나중에는 입소문이 돌아서 오히려 고객이 많아지더라고.

다만 한 가지 문제가 있는데.

회원이 늘어나고 규모가 커지다보니까 앱을 관리하는 게 쉽지가 않더라고.

아, 그렇지.

댓글 다는 것도 장난 아니지. 동호회 사람 중에 운영진을 뽑는 것도 문제야.

사람 잘못 앉혔다가 실수라도 하면 책임은 우리가 다 져야 하거든.

어쩜 저리 대화가 잘 될까. 어제의 라이벌이 오늘의 친구가 될 줄이야.

전문 업체를 알아보는 건 어때?

엄청 비쌀 걸. 우리 벌이로는 아직 불가능해.

아! 전문가에게 해결 방법을 물어보자!

그래서 삼촌한테 의논 좀 하려고.

한 명 더 늘었네?

저 아이가 한 때 라이벌이었다는 소년?

앱의 관리와
사후 서비스라.
좋아, 해주지.

정말?

한 달에 앱 관리 비용으로
삼백만 원!

조카에게
그런 큰돈을
받겠다고?

당연하지.
이건 비즈니스야!

우리 회사 직원 중 누가 너희 앱을 관리하면,
그동안 다른 일을 못하게 되지 않겠어? 따라서
그에 해당하는 비용을 받아야 손해를 안 보지.

윽!

이 일은 삼촌으로서 조카를 돕는 차원을 벗어난
일이야. 친척 관계를 떠나 철저하게 비즈니스로
다가가야지.

사업이라는 것은
계약에 의해 돈이
오가는 관계니까.

와! 회사 이익을 위해서 조카의 사정도 봐주지 않는 저 단호함!

너희 삼촌은 정말로 존경할 만한 사업가야!

그게 아니라 사업이라는 핑계로 귀찮은 일을 거절한 것 같은데.

좋은 경험이었다. 그럼 나 먼저 간다.

잘 가!

삼촌 말이 맞아. 우리가 너무 쉽게 생각했어.

SNS에 대한 것을 좀 더 많이 배워야 해.

굿윌 컴퓨터 코딩 전문 학원

아!

SNS 관련 자격증 습득 과정

모바일 시대가 되면서 SNS 전문 직업이 새로 생겨나고 있습니다. 그리고 SNS 관련 직업을 얻기 위해서는 SNS와 관련된 각종 자격증을 따야 합니다. SNS 관련 단체에서 민간 자격증을 딸 수도 있지만, 국가에서 인정하는 국가공인자격증을 따는 게 유리합니다.

자격증을 따기 위해서는 전문학원이나 국가의 지원을 받아 무료로 가르치는 전문교육원에서 공부해야 합니다. 단 전문교육원은 나이나 학력같은 제한 사항이 있을 수 있기 때문에 미리 등록 조건을 알아봐야 합니다.

SNS 관련 대표적인 자격증으로는 SNS 마케팅 전문가 자격증, 빅데이터 전문가 자격증, 컴퓨터OA마스터 자격증 등 매우 다양합니다.

또한 자격증뿐만 아니라 SNS 활용 경험과 얼마나 많은 팔로워가 있는지도 중요합니다.

SNS 관련 자격증은 겹치는 부분도 많기 때문에, 일단 하나의 자격증을 따면 다른 자격증을 따려고 공부할 때 많은 도움이 된단다.

휴~

휴우~

오늘은 여러 가지로 보람있는 날이었어.

응. 지금까지 너무 삼촌에게만 의지했어.

앞으로는 내 스스로 힘으로 결정하고 진행할 거야.

그래, 좋은 생각이야.

잘 가!

내일 학교에서 봐!

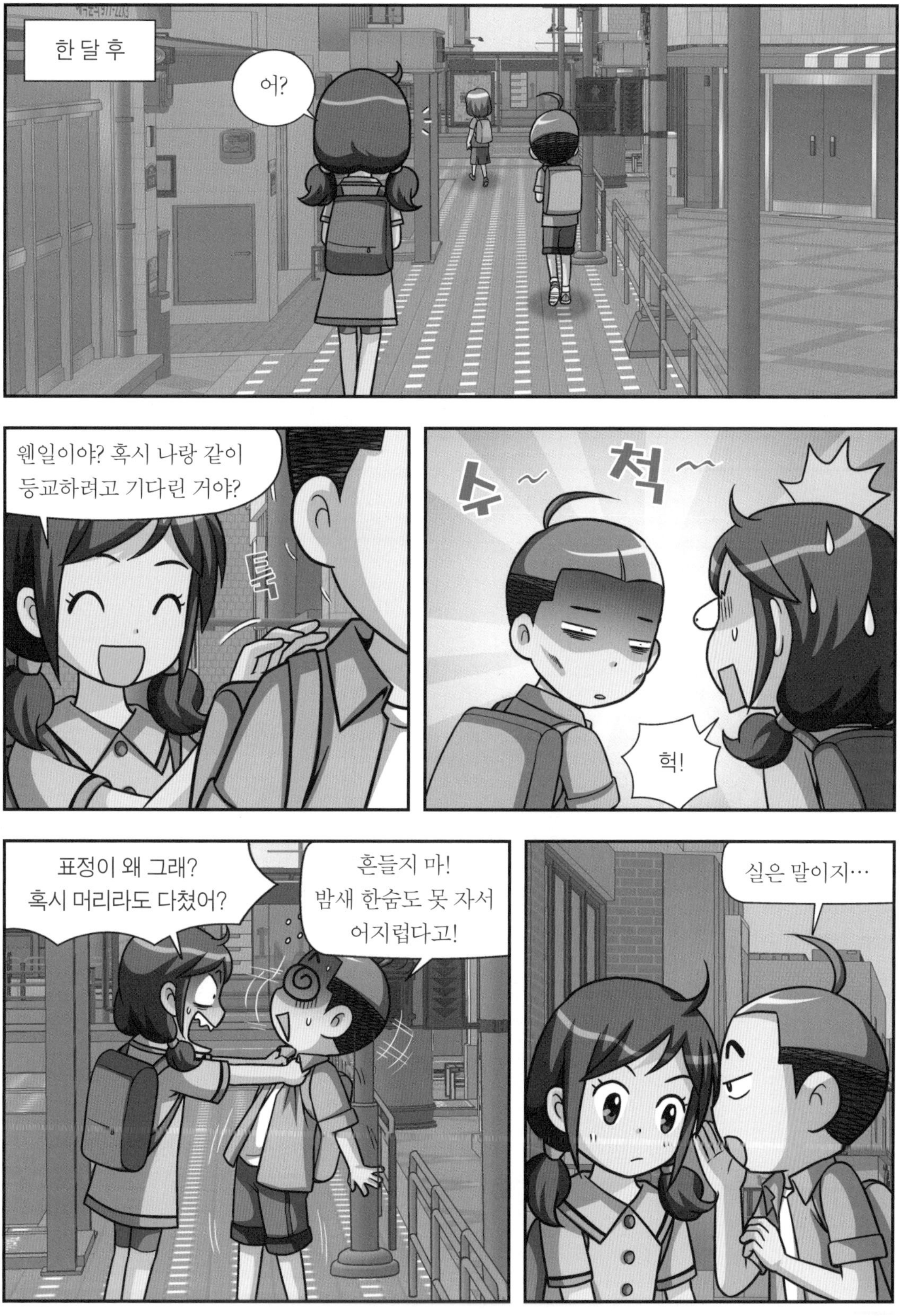
한 달 후
어?
웬일이야? 혹시 나랑 같이 등교하려고 기다린 거야?
툭
수~ 척~
헉!
표정이 왜 그래? 혹시 머리라도 다쳤어?
흔들지 마! 밤새 한숨도 못 자서 어지럽다고!
실은 말이지…

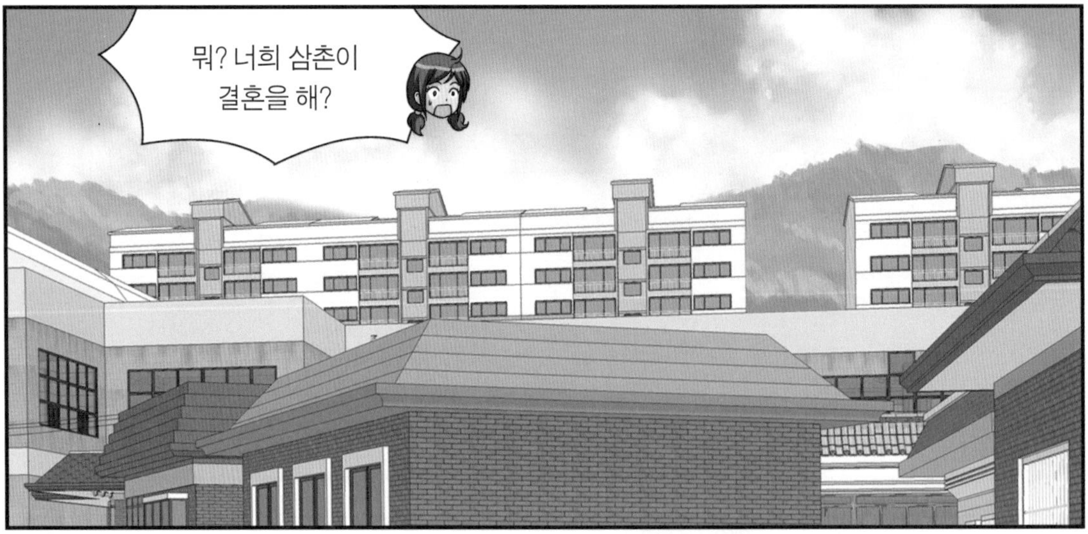
뭐? 너희 삼촌이
결혼을 해?

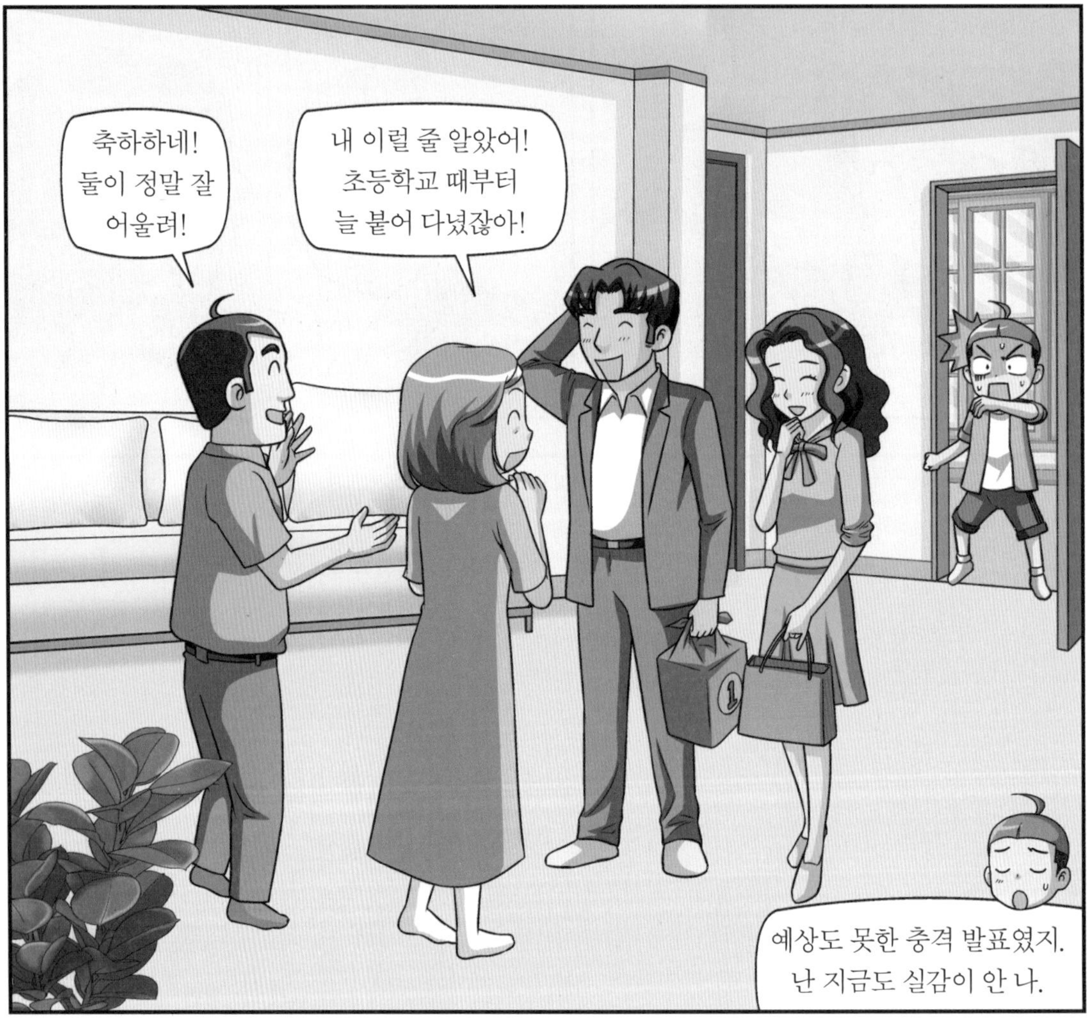
축하하네!
둘이 정말 잘
어울려!
내 이럴 줄 알았어!
초등학교 때부터
늘 붙어 다녔잖아!
예상도 못한 충격 발표였지.
난 지금도 실감이 안 나.

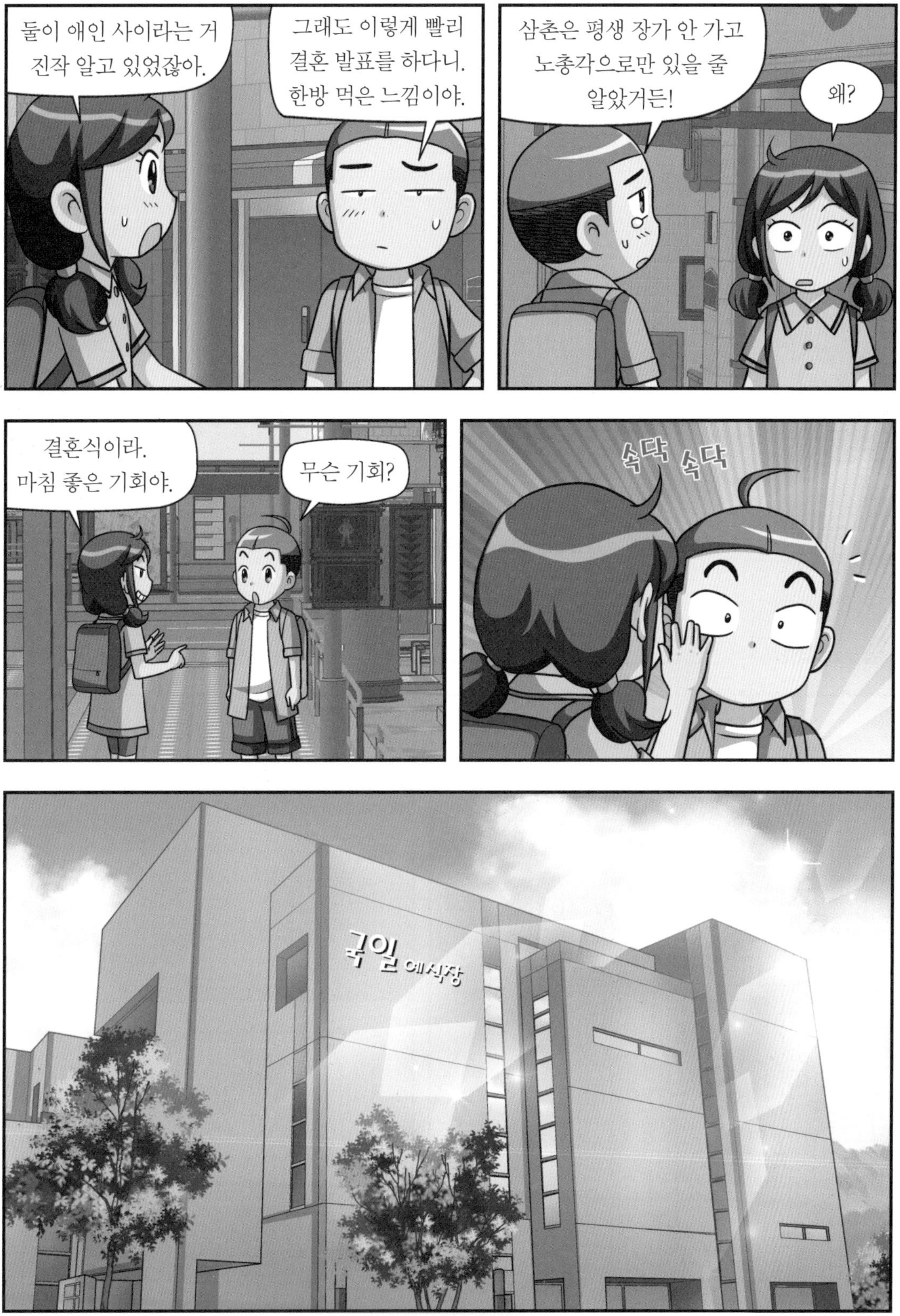
둘이 애인 사이라는 거 진작 알고 있었잖아.
그래도 이렇게 빨리 결혼 발표를 하다니. 한방 먹은 느낌이야.
삼촌은 평생 장가 안 가고 노총각으로만 있을 줄 알았거든!
왜?
결혼식이라. 마침 좋은 기회야.
무슨 기회?
속닥 속닥
국일 예식장

사장님 넋나간 것
좀 봐.

신부 엄청 예뻐!
나도 빨리 결혼하고
싶어!

삼촌! 결혼
축하해!

지나 언니도
축하해요!

어린이 들러리
잘해야 해!

흐흐. 나만
믿으라고.

녀석. 무슨
꿍꿍이가
있는 모양인데.

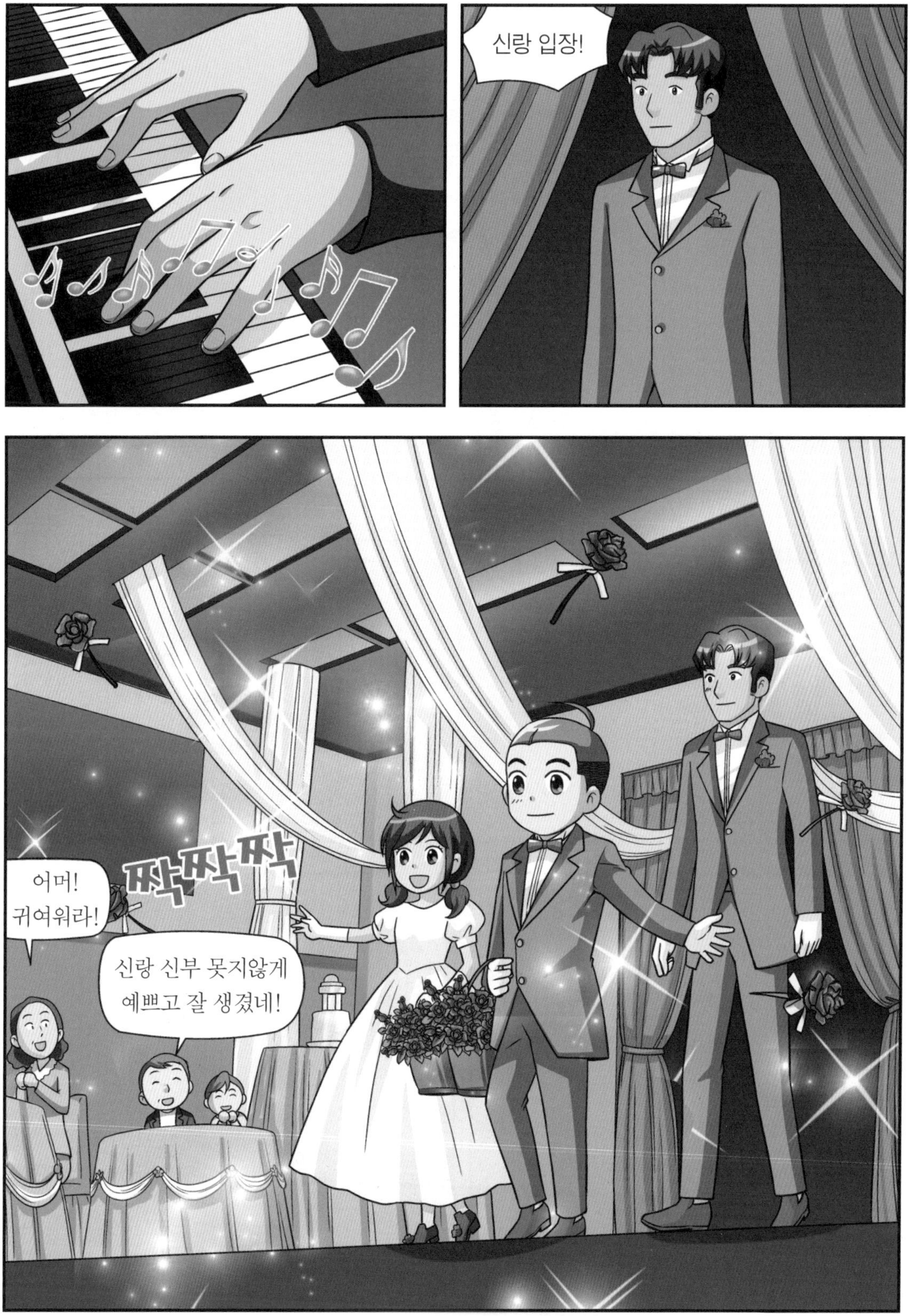
신랑 입장!
짝짝짝
어머! 귀여워라!
신랑 신부 못지않게 예쁘고 잘 생겼네!

힘도 좋지. 여기까지 꽃이 날아오네.

뭐지? 축복의 글인가?

추억이 필요하십니까?

추억의 감동이 필요하신 분은 이곳에 들러세요

추억지킴이

엥?

어이, 조카님. 이게 뭐지?

아, 그거?

결혼식에 오신 분들 대상으로 우리 앱 홍보하는 거야.

이만한 홍보 기회를 놓칠 수 없죠.

이 녀석! 오늘은 삼촌이 주인공인데 네가 시선을 다 받으면 어떡해!

헉! 그런가?

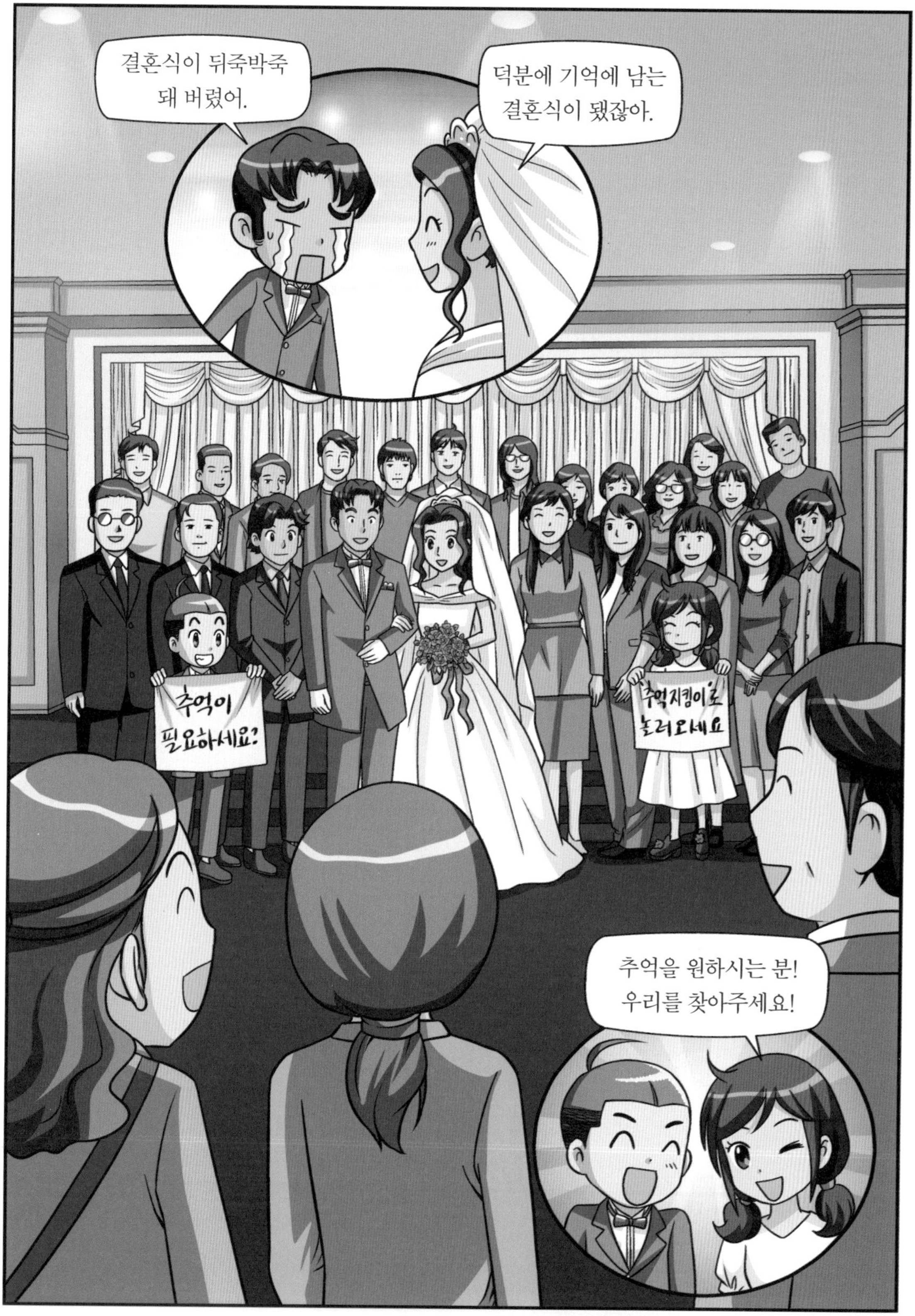
결혼식이 뒤죽박죽
돼 버렸어.
덕분에 기억에 남는
결혼식이 됐잖아.
추억이
필요하세요?
추억지킴이로
놀러오세요
추억을 원하시는 분!
우리를 찾아주세요!

SNS의 활용

취미 생활이나 오락거리 등을 위해 개인적으로 사용되던 SNS가 점점 더 많은 사람이 사용하면서 그 영향력이 매우 커졌어요. 지금은 다양한 분야에서 목적성을 가지고 SNS를 활용하고 있어요. 어떤 분야에서 활용되고 있는지 알아볼까요?

● 정치

SNS 미디어 중 트위터에서 가장 활발하게 활용되고 있어요. 트위터와 외교가 더해진 합성어인 '트위플로머시(twiplomacy)'라는 단어도 생겼을 정도예요. 트위플로머시는 트위터를 통해 진행하는 새로운 외교 방식을 말해요. 특히 미국의 대통령인 도널드 트럼프는 개인적인 일은 물론 중대한 외교적 사안도 트위터에 게시하고 있어요. 북미 정상회담의 날짜와 장소를 트위터를 통해 공개한 적도 있어요. 트위터는 대중과 실시간으로 직접 소통할 수 있고, 언론을 통하지 않고도 공개적으로 자기의 의견을 전할 수 있다는 점에서 정치인들이 많이 사용하고 있어요. 우리나라의 문재인 대통령도 트위터를 활발하게 사용하고 있어요.

● 관광

항공사와 관광 지역에서도 SNS를 활용하고 있어요. KLM 네덜란드 항공사는 해당 국가의 현지인이 주로 사용하는 SNS로 고객과 소통하고 있는데요. 중국에서는 '위챗', 한국에서는 '카카오톡' 등 현지인들이 주로 사용하는 메신저로 고객 문의, 항공시간 변경, 수하물 체크 등 고객 응대를 하고 있어요. 또한 우리나라 강원도 화천군에서는 외국인 관광객 유치를 위해 한국어, 영어, 중국어, 태국어 등 4개 국어로 된 SNS를 사용하고 있어요. 현지어로 콘텐츠를 제작해 게시하면서 잠재적 관광객을 모으고 있어요.

● 교육

페이스북이나 네이버 밴드를 활용하여 학교 혹은 학급 간 소통이 이루어지고 있어요. SNS를 많이 사용하는 학생들의 눈높이에 맞춰 소통하기 위해 SNS를 활용한 교육이 주목받고 있어요. 그 예로 학급 밴드를 이용하여 조회나 종례 사항을 정리하거나, 준비물 등 전달사항을 게시하고 있어요. 한 학교에서는 페이스북 페이지를 만들어 부서나 동아리별로 홍보하기도 하고, 마켓 페이지로 학생들 간 물건을 사고팔기도 해요. 또 학생들의 수업 모습을 동영상으로 촬영해 올리면서 학부모에게 아이의 모습을 실시간으로 전해주기도 해요. 댓글 창으로 학부모와 학생, 교사 간 서로 소통할 수도 있어요.

● 엔터테인먼트

K-pop(케이팝) 가수들은 SNS를 통해 전 세계와 소통하고 팬을 확보하며 팬과 신뢰를 쌓고 있어요. SM엔터테인먼트는 가수들의 콘서트 영상을 유튜브 채널에 실시간으로 공개하고 팬들과 함께 찍은 사진을 페이스북 페이지에 게시하는 등 적극적으로 소통할 뿐만 아니라 활동 내용을 신속하게 알림으로써 홍보도 함께 하고 있어요. 방탄소년단은 영상을 촬영하여 SNS 채널에 올리거나 팬들과 직접 소통하면서 전 세계에서 팬을 확보했어요. 방탄소년단이 소속된 빅히트엔터테인먼트 대표는 SNS를 활용하는 과정에서 발생한 화제성이 방탄소년단을 잘 모르던 사람에게도 관심을 유발할 수 있었다고 말했어요.

Job? ⑪
나는 SNS 전문가가 될 거야!

초판 1쇄 발행 · 2020년 10월 30일
초판 3쇄 발행 · 2021년 9월 10일

지은이 · Team. 신화
그린이 · Team. 신화
펴낸이 · 이종문(李從聞)
펴낸곳 · 국일아이

등 록 · 제406-2008-000032호
주 소 · 경기도 파주시 광인사길 121 파주출판문화정보산업단지(문발동)
영업부 · Tel 031)955-6050 | Fax 031)955-6051
편집부 · Tel 031)955-6070 | Fax 031)955-6071

평생전화번호 · 0502-237-9101~3

홈페이지 · www.ekugil.com
블 로 그 · blog.naver.com/kugilmedia
페이스북 · www.facebook.com/kugilmedia
E-mail · kugil@ekugil.com

• 값은 표지 뒷면에 표기되어 있습니다.
• 잘못된 책은 구입하신 서점에서 바꿔드립니다.

ISBN 979-11-87007-75-3(14300)
      979-11-87007-74-6(세트)

워크북

Job?

나는 SNS 전문가가
될 거야!

국일아이

목차

2

워크북 활용법

직업 탐험   각 기관의 대표 직업(네 가지)이 하는 일, 필요한 지식, 자질 등에 관한 정보뿐만 아니라 관련 직업에 관한 정보를 얻어요.

직업 놀이터   다른 그림 찾기, 숨은그림찾기, 미로 찾기, 색칠하기, OX 퀴즈 등 재미있는 놀이 요소를 통해 직업 상식을 알아봐요.

직업 톡톡   직업 윤리나 직업과 관련한 이야기로 자신의 생각을 표현하며 직업을 간접 체험해요.

NCS
(국가직무능력표준)

국가직무능력표준(NCS, National Competency Standards)이란 국가가 현장에서 직무를 수행하는 데 필요한 지식, 기술, 태도 등을 산업별, 수준별로 표준화한 것을 말한다. 대분류 24개, 중분류 79개, 소분류 253개, 세분류 1,001개로 표준화되었으며 계속 계발 중이므로 더 추가될 예정이다.

국가직무능력표준(NCS)에 따른 24개 분야의 직업군

01 사업 관리

02 경영·회계 사무

03 금융·보험

04 교육·자연 사회 과학

05 법률·경찰 소방·교도·국방

06 보건·의료

07 사회 복지·종교

08 문화·예술 디자인·방송

09 운전·운송

10 영업·판매

11 경비·청소

12 이용·숙박·여행 오락·스포츠

13 음식 서비스

14 건설

15 기계

16 재료

17 화학

18 섬유·의류

19 전기·전자

20 정보 통신

21 식품 가공

22 인쇄·목재 가구·공예

23 환경·에너지·안전

24 농림·어업

등장인물의 특징 알아보기

《job? 나는 SNS 전문가가 될 거야!》에는 민호, 소희, 돈보이, 민호 삼촌, 지나 등이 등장한다. 각 인물을 떠올리며 빈칸을 채워보자.

인물	특징
민호	활달하고 늘 자신만만한 성격의 12살 남자아이다. 게임기를 사고 싶어 중고물건을 팔아서 돈을 모으기로 결심한다. 즉흥적이지만 사태를 수습하는 순발력이 뛰어나다. 일을 진행할 때 분석력과 추진력이 있다. 추억지킴이 동호회를 만들면서 _____가 하는 일을 배우게 된다.
소희	민호와 유치원 때부터 친구이자 같은 반 친구인 여자아이다. 최신 태블릿 컴퓨터를 사고 싶어서 민호와 동업하기로 한다. 성격이 털털하고 민호와 달리 꼼꼼하게 일한다. 민호와 호흡이 잘 맞고 좋은 아이디어를 많이 갖고 있다.
돈보이	민호, 소희의 옆 반 친구다. 거만하고 까칠한 성격이지만 중고물건을 사고파는 기질은 민호와 소희보다 앞서 있다. 하지만 얄팍한 속임수를 쓰고 물질만능주의라서 고객을 감동시키는 부분이 부족하다.
민호 삼촌	민호의 삼촌이자 _____다. 호들갑스럽고 상황을 오버하는 것이 민호와 판박이다. 하지만 회사 내에서는 매우 정중하고 꼼꼼하게 일을 처리한다. 민호와 소희의 추억지킴이 동호회가 성장할 수 있도록 도와준다.
지나	삼촌 회사의 동료이자 여자친구로 _____다. 삼촌이 하는 일을 곁에서 돕고 계획된 시간을 엄수하는 원칙주의자다. 사내에서 민호 삼촌과 사귀는 것을 비밀로 하기 위해 민호와 소희를 적극적으로 돕지만 둘이 사귀는 것을 모르는 사람은 없다.

궁금해요, SNS

SNS는 특정한 관심이나 활동을 공유하는 사람들 사이의 관계망을 만들어 주는 온라인 서비스다. SNS에 대해서 바르게 설명한 것을 찾아보자. (정답은 세 개)

1 소셜 네트워크 서비스
(Social Network Service)의 약자다.

2 페이스북, 인스타그램,
트위터 등이 대표적인 SNS다.

3 온라인 공간에서
친구 관계를 맺고 유지하는 것이다.

4 특정 시스템 관리자만
정보를 제공할 수 있다.

소셜큐레이션서비스 기획자는 무슨 일을 할까?

소셜큐레이션서비스 기획자는 사용자가 온라인에서 원하는 정보를 수집, 공유, 편집하여 다양한 활동을 할 수 있도록 설계하는 일을 한다. 다음 중에서 소셜큐레이션서비스 기획자가 하는 일에 관한 설명이 맞으면 O, 아니면 X에 동그라미 표시를 해 보자.

1 수많은 정보 중 이용자가 필요로 하는 검증된 콘텐츠만 골라 제공하는 서비스를 기획한다. ○ ✕

2 원하는 키워드로 결과를 찾을 수 있도록 검색엔진을 만들며, 최상의 정보가 제공될 수 있도록 알고리즘을 수정하고 반영한다. ○ ✕

3 화면 구성이나, 설계, 기획 등에서 사용자 편의성을 높인다. ○ ✕

4 이용자들에게 서비스 내용을 알리는 설명자료를 만들거나 보도자료를 배포하여 홍보한다. ○ ✕

소셜큐레이션서비스 기획자에게 필요한 능력은?

SNS 산업이 커지면서 소셜큐레이션서비스 기획자에 대한 기대도 높아지고 있다. 소셜큐레이션서비스 기획자에게 필요한 자질과 능력은 무엇인지 <보기>에서 찾아 구름 모양 빈칸에 적어 보자. (정답은 여섯 개)

보기

트렌드 감각, SNS 활용 능력, 공감력, 이해력,
의사소통 능력, 운동 실력, 창의력, 요리 솜씨

SNS 컨설턴트는 기업의 소셜 미디어 계정을 기획하고 운영하는 일을 한다. SNS 컨설턴트가 하는 일이 무엇인지 〈보기〉를 참고하여 빈칸을 채워보자.

SNS 채널에서 고객과의 소통을 통해 얻은 ❶(   )을 경영진이 의사결정에 활용할 수 있도록 분석한다.

기업의 SNS 채널을 ❷(   )하고 고객에게 빠르게 피드백을 준다.

SNS 채널을 통해 기업의 상품을 관리하고 ❸(   )를 새롭게 한다.

❹(   )를 기획하여 기업의 SNS 계정을 설계하고 운영한다.

보기

브랜드 이미지, 고객 반응, 모니터링, 기업의 이미지

SNS 컨설턴트가 되려면?

SNS 컨설턴트가 되려면 어떤 준비가 필요할까? 이에 관해 바르게 말한 친구를 찾아보자. (정답은 세 개)

경아
자기가 쓴 글을 SNS에 꾸준히 공유하면서 SNS를 운영해보는 게 좋아.

사람들이 필요로 하는 정보를 탐색하여 SNS에 올릴 주제를 꾸준히 찾아내는 연습이 필요해.
재진

호영
SNS에 게시할 글만 쓰기 때문에 사진이나 영상 편집 기술은 필요하지 않아.

사람들이 쉽고 재밌게 읽을 수 있도록 문장력을 키우고, 원활한 의사소통 능력을 갖추어야 해.
미혜

SNS 분석가에 대해 알아보자

SNS 분석가는 특정 대상이나 개념에 대한 사람들의 생각과 감정을 소셜 미디어를 통해 분석하는 일을 한다. SNS 분석가에 대한 설명을 읽고 그에 맞는 글자를 적고 어떤 단어가 나오는지 맞혀보자.

1 디지털 마케터에게 제품 홍보에 관한 정보를 제공한다.
(맞으면 SNS, 틀리면 소셜)

2 컴퓨터 프로그램에 대한 지식을 쌓고 다른 사람의 생각과 감정을 이해하는 공감능력이 있어야 한다.
(맞으면 분, 틀리면 너)

3 빅데이터를 수집, 저장, 분석하여 필요한 정보만 골라 맞춤형 분석을 한다.
(맞으면 석, 틀리면 미)

4 데이터를 분석하는 데 있어서 창의적인 사고는 필요하지 않다.
(맞으면 동, 틀리면 가)

완성한 단어:

디지털 마케터는 무슨 일을 할까?

디지털 마케터는 SNS에서 제품을 홍보하고 마케팅하는 일을 한다. 디지털 마케터가 하는 일에 대해 바르게 말한 친구를 찾아 보자. (정답은 네 개)

혜림

인터넷, 모바일 같은 디지털 매체를 통해서 제품과 브랜드를 홍보해.

준수

TV, 신문, 잡지 등에 광고를 내고 효과를 측정해.

윤호

최신 유행을 잘 파악해서 제품을 홍보하고 SNS를 통한 이벤트를 기획하기도 해.

디지털 마케터

도경

상품 기획부터 예산, 생산, 판매에 이르는 모든 과정에 참여해.

수진

시장조사를 하고 그에 대한 분석을 하여 알맞은 광고 전략을 세우고 SNS 콘렌츠를 만들어.

인포그래픽 디자이너에 대해 알아보자

인포그래픽 디자이너는 복잡한 정보를 보기 편하고 쉽게 이해할 수 있도록 그래프, 차트, 그림 등을 활용해서 디자인하는 일을 한다. 인포그래픽 디자이너에 대해 잘못 설명한 번호를 찾아 선을 따라가 보자.

❶ 숫자에 대한 감각과 데이터를 이해하는 능력보다 디자인 기술만 있으면 된다.

❷ 최신 트렌드, 시사, 뉴스 등 다방면에 대한 지식을 쌓아야 한다.

❸ 시각디자인, 광고디자인, 그래픽디자인 등을 전공하면 좋다.

❹ 텍스트 자료나 통계 자료 같은 수치 데이터를 인포그래픽 형태로 시각화한다.

❺ 예술 감각이 뛰어나고 창의적인 사람에게 유리하며, 컴퓨터 관련 프로그램을 다루는데 능숙해야 한다.

12

미나가 소개하는 사람은 SNS 전문가 중 한 사람이다. 누구에 관한 설명인지 그 직업을 〈보기〉에서 찾아 보자.

SNS에서 상품이
거래되기 전에
상품의 가치와
정품 혹은 가품 인지 등을
꼼꼼하게 따져 신뢰를 보장하는
역할을 해.

전자상거래에 관한
법률적 지식이 있어야 하고,
꼼꼼하게 분석하는
성격을 가진 사람에게
어울려.

상품에 훼손된 부분이 있으면
가격을 재조정하고
수리가 필요한 물품이 있으면
수선 전문점을 소개하기도 해.

보기

디지털 마케터, 소셜커머스 상품기획자, 소셜커머스 품질관리자, SNS 분석가

SNS 전문가가 하는 일은?

다음은 다양한 SNS와 관련되어 새로 생겨나는 직업이다. 각각의 SNS 전문가와 하는 일을 바르게 연결해 보자.

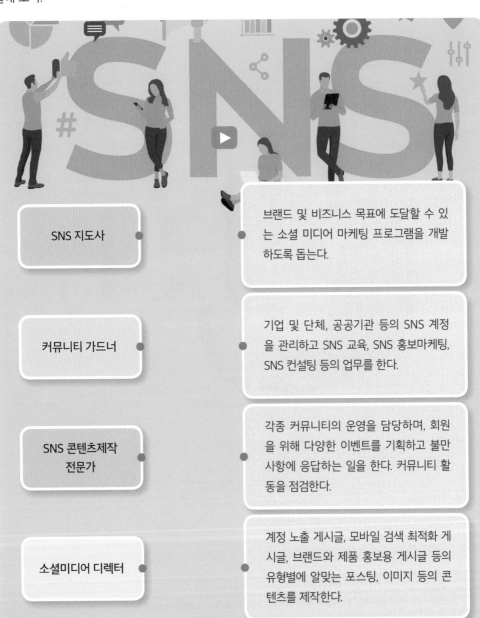

SNS 지도사 ● ● 브랜드 및 비즈니스 목표에 도달할 수 있는 소셜 미디어 마케팅 프로그램을 개발하도록 돕는다.

커뮤니티 가드너 ● ● 기업 및 단체, 공공기관 등의 SNS 계정을 관리하고 SNS 교육, SNS 홍보마케팅, SNS 컨설팅 등의 업무를 한다.

SNS 콘텐츠제작 전문가 ● ● 각종 커뮤니티의 운영을 담당하며, 회원을 위해 다양한 이벤트를 기획하고 불만 사항에 응답하는 일을 한다. 커뮤니티 활동을 점검한다.

소셜미디어 디렉터 ● ● 계정 노출 게시글, 모바일 검색 최적화 게시글, 브랜드와 제품 홍보용 게시글 등의 유형별에 알맞는 포스팅, 이미지 등의 콘텐츠를 제작한다.

나에게 어울리는 직업 찾기

자신의 성격과 특기를 생각해 보고 나에게 어울리는 직업이 무엇인지 확인해 보자.

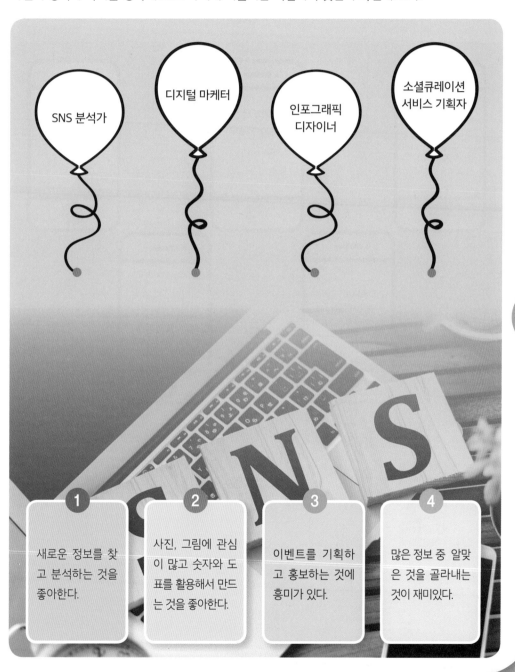

SNS 분석가

디지털 마케터

인포그래픽 디자이너

소셜큐레이션 서비스 기획자

1 새로운 정보를 찾고 분석하는 것을 좋아한다.

2 사진, 그림에 관심이 많고 숫자와 도표를 활용해서 만드는 것을 좋아한다.

3 이벤트를 기획하고 홍보하는 것에 흥미가 있다.

4 많은 정보 중 알맞은 것을 골라내는 것이 재미있다.

SNS 전문가에게 필요한 마음가짐과 태도

SNS 전문가에게 필요한 마음가짐과 태도는 여러 가지가 있다. 다음 중 SNS 전문가가 가져야 할 마음가짐과 태도가 적힌 핸드폰을 예쁘게 색칠해 보자. (정답은 세 개)

퍼즐 속 직업 찾기

낱말 퍼즐 속에서 SNS와 관련된 직업을 찾아 표시한 후 찾은 직업 칸에 적어 보자. (정답은 다섯 개)

SNS와 관련된 직업 찾기 퍼즐

S	N	S	컨	설	턴	트	도	가	인
N	홈	통	크	레	몽	용	품	인	포
S	통	생	가	사	구	합	성	지	그
분	크	디	지	털	마	케	터	이	래
석	작	형	케	군	윤	도	사	동	픽
가	곡	도	라	주	케	용	지	련	디
소	셜	커	머	스	품	질	관	리	자
서	영	장	마	합	나	성	용	시	이
축	가	사	울	랑	격	산	준	족	너

찾은 직업

SNS의 다양한 종류

우리가 사용하는 SNS에는 다양한 종류가 있다. 전 세계적으로 사용되는 SNS와 그에 관한 설명으로 바른 것을 선으로 이어보자.

미국에서 가장 성공한 소셜 네트워크 서비스 중 하나로, '친구맺기'를 통하여 수많은 사람과 관심사나 정보를 공유할 수 있다.

휴대폰이나 PC로 이용자끼리 140자 미만의 짧은 문장을 주고받는 서비스를 제공한다.

사진이나 비디오를 올릴 수 있는 소셜 미디어다. 사용자들은 팔로워와 사진이나 동영상을 공유할 수 있다.

SNS에 올려도 되는 정보가 있고 올리면 안 되는 정보가 있다. SNS에 글이나 사진을 올릴 때, 올려도 되는 것은 ○, 올리면 안 되는 것은 X 표시를 해 보자. (정답은 각각 세 개씩)

1 주민등록번호나 집 주소
○ ×

2 새로 산 옷
○ ×

3 자신이나 친구의 전화번호
○ ×

4 연예인이나 친구의 나쁜 소문
○ ×

5 다녀온 여행지에 대한 소감
○ ×

6 어제 먹은 음식 사진
○ ×

19

인플루언서에 대해 알아보자

인플루언서는 SNS에서 다른 사람에게 미치는 영향력이 큰 사람을 말한다. SNS상에서의 연예인이다. 인플루언서에 대해 바르게 설명한 것을 찾아 보자. (정답은 네 개)

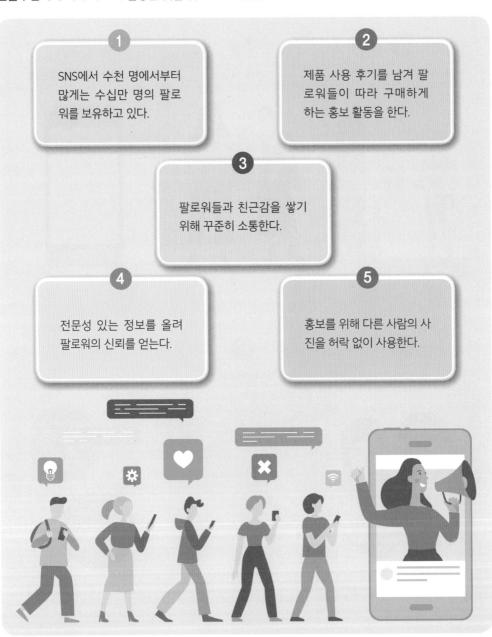

1 SNS에서 수천 명에서부터 많게는 수십만 명의 팔로 워를 보유하고 있다.

2 제품 사용 후기를 남겨 팔 로워들이 따라 구매하게 하는 홍보 활동을 한다.

3 팔로워들과 친근감을 쌓기 위해 꾸준히 소통한다.

4 전문성 있는 정보를 올려 팔로워의 신뢰를 얻는다.

5 홍보를 위해 다른 사람의 사 진을 허락 없이 사용한다.

SNS의 부작용

SNS 사용이 늘어나면서 SNS 부작용도 발생하고 있다. 어떤 부작용에 대한 설명인지 〈보기〉에서 찾아 빈칸에 적어 보자.

❶

SNS에 꾸며낸 자신의 모습을 실제 모습
이라고 믿으며 현실과 구분하지 못한다.

❷

SNS에서 지인이나 동료에게 배척되거나
소외되지 않을까 염려하고 불안해 한다.

❸

다양한 SNS를 사용하면서 과다한 정보를
공유함에 따라 피로감이 발생한다.

❹

다른 사람의 SNS를 보면서 자기와 비교
하여 초라함을 느끼고 우울감에 빠진다.

보기

SNS 우울증, 고립공포감, SNS 피로증후군, 사이버 리플리 증후군

SNS의 영향력

SNS는 개인적으로 활용될 수도 있지만 사회 혹은 전 세계에 영향을 미치기도 한다. 다음 사례를 읽고 SNS의 영향력에 대한 자신의 생각을 말해 보자.

아이스 버킷 챌린지(Ice Bucket Challenge)는 2014년 여름 미국에서 시작된 이벤트다. 루게릭병 환자에 대한 관심을 불러일으키고 기부금을 모으기 위해 시작된 이 운동은 SNS를 타고 전 세계로 확산됐다. 참가자는 세 명을 지목해 "24시간 안에 얼음물을 뒤집어쓰든지 100달러를 루게릭병 환자의 치료를 위해 기부하라"고 요구한다. 그 뒤 자신이 얼음물을 뒤집어쓰는 장면을 동영상으로 찍어 인터넷에 올리는 것이다.

SNS에 한 프랜차이즈 업체를 저격하면서 덜 익힌 치킨 패티를 팔았다는 사진과 글이 올라왔다. 사실 여부가 확인되지 않은 채 기사화가 되면서 큰 파장을 불러 일으켰지만 결국 한 학생이 올린 장난글로 허위사실임이 밝혀졌다. 하지만 해당 기업은 명예가 실추되고 금전적인 피해는 물론 기업 이미지에도 큰 타격을 받았다.
이처럼 허위사실을 유포하거나 출처가 불명확한 주장을 제시하여 흑색선전에 사용하기도 한다.

나의 의견은?

어떤 콘텐츠를 만들까?

자신의 SNS에 어떤 콘텐츠를 올릴지 생각해 보고 그림과 글을 활용하여 친구들과 정보를 공유해 보자.

4. SNS 전문가, 소셜큐레이션서비스 기획자, SNS 콘텐츠 큐레이터

5. ①, ②, ③

6. O, O, O, O

7. 트렌드 감각, SNS 활용 능력, 공감력, 이해력, 의사소통 능력, 창의력

8. ①-고객 반응, ②-모니터링, ③-브랜드 이미지, ④-기업의 이미지

9. 경아, 재진, 미혜

10. SNS 분석가

11. 혜림, 윤호, 도경, 수진

12. ①

13. 소셜커머스 품질관리자

14.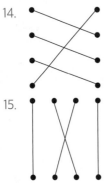

15.

16. ①, ②, ④

17. SNS컨설턴트, SNS분석가, 디지털마케터, 소셜커머스품질관리자, 인포그래픽디자이너

18.

19. ①-X, ②-O, ③-X, ④-X, ⑤-O, ⑥-O

20. ①, ②, ③, ④

21. ①-사이버 리플리 증후군, ②-고립공포감, ③-SNS 피로증후군, ④-SNS 우울증